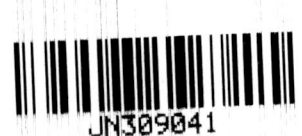

事業の税金、自動車、相続、年金、身近な例ですんなりわかる！

税務会計入門

狩野 七郎　渡邉 武
今田 正紀　井上 功
三縄 昭男　宮澤 純一
益子 良一　四方田 彰
田中 弘（監修）

税務経理協会

はしがき
――― 税の知識を味方につけよう

税に関する知識があるかないかでは，ビジネスにも個人の経済生活にも大きな違いが出ます。税を正しく理解しているか税を誤解しているかでは，もっと大きな差がつきます。

この**「税務会計入門」**は，**税務会計と税金**について，できるだけ身近な例を使って紹介したものです。

■ 納税者の義務と権利

「税は義務」だけではありません。税を払った者（個人も法人も）には**「納税者の権利」**があるのです。その権利がどういうものかを知らないと，権利を行使することもできません。本書で，**納税者の義務と納税者の権利**を学んでください。

本書は，３部構成になっています。PART１では，「税金のＡＢＣ」を学びます。ここでは，「税金とは何か」「誰が何を根拠に誰に税を課すのか」「どういう税があるか」「税金はどうやって集めるのか」「集めた税は何に使われているか」などを学びます。

■ 税務会計の基礎

PART２**「税務会計の基礎」**では，「税金と会計はどのようにつながっているのか」から始めて，事業を行う個人・法人にとって代表的な税金である**「所得税」**,**「法人税」**,**「事業税」の仕組み**や**企業決算**との結びつきを学びます。

さらに,わが国の課税・納税を特徴づけている「**申告納税制度**」の話,「**税務調査**」の話をします。「申告納税制度」がうまく機能するためには,納税者が税に関して正しい知識と理解をもつことが必要です。PART 2は,納税者にとって必要な正しい税の知識を学びます。

■ 税理士の仕事

PART 2の最後に,「税理士の仕事」を紹介します。税理士は,「税に関する専門家として,独立した公正な立場において,申告納税制度の理念にそって,納税義務者の信頼にこたえ,租税に関する法令に規定された納税義務の適正な実現を図る」(税理士法)ことを使命としています。

税理士資格は,租税に関する事務を行うことを業とする唯一の「**国家資格**」です。税理士の仕事をするには,税理士の資格を持ち,その資格を登録していなければなりません。税理士の資格がないのに税理士業務を行ったり,税務相談を受けたりすれば法律で罰せられます。納税者としても,税理士の資格を持たない人に税の相談をすると,不適切な指導を受けることもありますので,注意する必要があります。

税理士は,国家資格を持っている証として,「税理士証票」を持ち,税理士のバッジを身につけています。

■ 身近な税金にはこんなものがある

PART 3では,「**身近な税金のあれこれ**」を紹介します。学生のアルバイトにも,サラリーマンの給料にも,財産を持っている人にも貰った人にも,一定の条件がそろえば,税金が課せられます。

はしがき ―― 税の知識を味方につけよう

旅行に出かけたり，みんなで乾杯したり，ちょっと一服したりしても，税金がかかります。そうした身近な税金を紹介しながら，その税金がどのように課され，何に使われているのかも紹介します。

本書は，長年にわたり，神奈川大学経済学部と同大学院経済学研究科で，「税務会計論」(学部)「税務会計論特講」(大学院) を担当してきた税理士・公認会計士を中心に，田中が加わって，「楽しく学べる税務と会計の本」を狙いとして書いたものです。

出版のきっかけは，2008年1月30日に開かれた「神奈川大学会計人会賀詞交歓会」の2次会の席でした。誰がいうともなく，「やさしく・楽しく学べて，役に立つ手頃な税の本はないかな」，「なかったら自分たちで書けたらいいね」，という話になり，お酒が入っていたことも手伝って，「そうだ，みんなで書こう！」と盛り上がりました。

「鉄は熱いうちに打て」といいます。みなさんの熱気が冷めないうちにということで，3月の確定申告を終えてホッとしている間もない，4月11日に，第1回の編集会議を開きました。熱気だけは残っていましたが，企画はまっしろで，このときは，「必ず本にする」「来年の講義に間に合うように出版する」ことを決めて，いつものようにお酒になりました。

それから毎月1回，編集会議を開き，章立てから執筆者の確定，原稿提出日の決定……会議の後は，お決まりのお酒……非常に楽しい編集会議と懇親会でした。

そして，2008年10月，ほぼ全員の原稿がそろった段階で，お互いに他の人が書いた原稿をチェックして，足りないところを補い，手直しが必要なところは加筆修正することにして，11月の編集会議に手直しした原稿を持ち寄りました。出そろった原稿の重複個所の調整や表現の統一などを田中が行い，12月10日，新横浜のフジビュー・ホテルで忘年会を兼ねた編集会議を開きました。

あちこちでの会合で頻繁に会う機会があるメンバーですが，普段とは違って，「1冊の本」を書くという共同の目標に向かっての作業は非常に楽しく，次第に本としての姿を見せてくるとこれまでの苦労も忘れて，これが世に出たら2冊目の本を書きたい，と思うようになりました。

本書の出版にあたり，税務経理協会の大坪嘉春社長と同・大坪克行常務にお世話になりました。また，企画の段階から，原稿の整理，編集，校正など，出版にいたるまでのいろいろ面倒な作業を，同社第一編集部の吉冨智子さんはじめスタッフの方々にお手伝いいただきました。記して感謝申し上げます。

2009年9月

執筆者一同

Contents

PART 3　身近な税金のあれこれ

プロローグ
——税　金　入　門

「**税金**」とか「**租税**」という言葉を見たり聞いたりしたとき，皆さんは，どういうことを考えますか。

■ 立場が変われば「税金」のイメージも変わる

「税金」と聞いたとたんに，「あれは，わからない」「税理士の先生に任せているので，自分は知らない」「できるだけ，少ないほうがいい」と考える人もいます。事業を営んでいる経営者の皆さんは，このグループに入るのではないでしょうか。

サラリーマンやその奥さんは，毎月の「**給与明細**」を見て，「えっ，こんなに税金を引かれているの」「所得税と比べて，どうしてこんなに地方税は高いの」「税金を払っても，国も地方自治体も，何もしてくれないじゃない」と感じているかもしれません。

小学生や中学生が「税金」と聞くと，きっと，**消費税**のことを考えるのではないでしょうか。いつも買いに行く店がコンビニであれば特別の疑問も感じずに５％の消費税を払いますが，路地裏の駄菓子屋さんとか夏祭りのときにでる露店で消費税を取られると，「この店は，きっと消費税を国に納めていないだろうな」とか「税金って，いい加減なものだな」と感じるかもしれません。

■ 大学で学ぶ「税の仕組み」「税の役割」

大学生の皆さんは,「税金」をどのように考えているでしょうか。大学の「税法」,「租税論」,「財政学」,「会計学」,「税務会計論」,「社会保障論」,といった講義で税金の話を聞いた皆さんは,**「税が果たしている社会的な機能」**についての知識を持っていると思います。

「税金は取られる（だけのもの)」という認識は,大きな誤解を含んでいます。法律の世界では,「義務」だけが課されることはありません。「**権利**」と「**義務**」が同列に考えられています。「**義務があるところ権利あり**」です。「税金を取られている」のではなく,「権利を主張するために」「権利を行使するために」,税金を支払うという「義務を果たす」と考えるのです。

■ 税金はどこで使われているか

皆さんが,自宅から大学にいくまでに,どういうところで税金が使われているかを考えてみましょう。朝,起きたときに,雪国では玄関前に雪が積もっていることがあります。自宅前の私道は,自分で雪かきしなければならないでしょうが,バス通りや電車通りの「公道（国道,県道,市道など)」は,国や県や市が税金を使って除雪しているのです。

夜,暗い道を歩くのは怖いですね。車が走る道路にガードレールがないと,危険ですね。道路の照明もガードレールも,税金で作られているのです。カーブミラーも交通信号も同じです。そういえば,道路も税金で作られています。

ほかにも,国民・市民の皆さんのために,税金が使われている所が至る所にあります。皆さんが,朝自宅を出てから帰宅するまでの間に,どこで税金が使われているか,また,それが税金でまかなわれていないときは，誰が，どれくらい負担することになるかを考えてみたいと思います。

■ 税金の「社会性」「公益性」

税金で作られるものや税金で費用を払っているものには，共通の性格があります。それは，「**社会性**」とか「**公益性**」ともいうべき性格と，「**共同負担**」「**分担負担**」ともいうべき性格です。

旅行に出ようと思っても，道路や信号が整備されていなければ目的地に着けません。かといって，道路を作るのは個人の力ではできません。行く途中に川が流れていれば橋が必要でしょう。橋も個人で架《か》けることは困難です。こうした場合には，国民・市民がみんなで少しずつお金（税金）を出し合って，道路や橋，信号などを作って，みんなで道路や橋の便利さを享受《きょうじゅ》するのです。こうした考え方を「**受益者負担の原則**」といいます。

そのように考えますと，学校，公立病院，消防署，警察……いたるところに，「個人ではできないけど，みんなで力（税金）を合わせればできる」施設や公的サービスがあります。

■「みんなで負担すれば高くない」

「赤信号，みんなで渡れば怖くない」などといったジョークが流行ったことがありましたが，本当のところ，「学校も道路も病院も，みんなで負担（税金）すれば高くない」のです。

税金には，そうした国民・市民が「互いに支えあう」という性格もあるのです。どうですか。税金に対する意識が，すこし，変わりましたか。

それでは，皆さんを税の世界にご案内しましょう。

PART 1
税金のＡＢＣ

1 税金とは何か
2 誰が，誰に，何を根拠に課税するのか
3 税金のいろいろ
4 税金はどのようにして集めるのか
5 納めた税はどのように使われているのか

1 税金とは何か

1 税の歴史

「**税**」のことを「**税金**」ともいいますし，「**租税**《そぜい》」ともいいます。最初に，税の歴史について簡単に見ておきましょう。

租税は，古代において次のようなものと捉えられていました。**租**《そ》とは元来，土地に課せられる税です。租は「**タチカラ（田租）**」と読まれ，田畑からの収穫物である稲の一部を祭祀《さいし》料として支配者（神）に上納するものでした[1]。

その後，税は田畑からの収穫物に課せられる「**租**」だけでなく，都《みやこ》に行って強制労働を課す「**庸**《よう》」や，成人男子に課す人頭《じんとう》税を繊維製品，海産物等の産物で納める「**調**《ちょう》」ができました。3種の税を合わせて，「**租**《そ》**庸調**《ようちょう》」といいます。

現代では，洋服を買って代金の支払いをするときに消費税を負担したり，働いて給与を受け取るときには所得税や市県民税が徴収されたり，会社を経営すれば所得に応じて法人税を支払います。つまり，消費や所得に応じて税を「金銭」で国家や地方自治体に納税します。

■ 租税の誕生

租税は，人間が共同社会を作り，共同生活を始めた時期である古代に

(1) 吉牟田　勲（1995）『日本租税史の変遷』㈱ジェイ・アイ・エス参照。

誕生したといわれ，古代，中世，近代，それぞれの時代や国々によってさまざまな「税の仕組み」があったようです。租税についてそのような観点から調べてみると「**租税の歴史は，人間社会の歴史そのもの**」であることがわかります。

古代日本の租税のことを記した最も古い記事として**魏志倭人伝**《ぎしわじんでん》に「租《そ》賦《ふ》を収む邸閣《ていかく》有り」と記載されています。これは，税として集めた稲を収納した建造物を示しています。また，一般の人々は女王「卑弥呼《ひみこ》」に対して稲，狩猟の獲物，採取物，手工芸品，を品（みつぎ）として差し出しました。また，労役にも服していたようです(2)。

日本の税制 —— 租《そ》・庸《よう》・調《ちょう》

日本の律令国家の成立は，大化の改新（645年）以降で，租税制度が完成したのは大宝律令（689年）によってであるとみられます。この時代の税は，次のような「租・庸・調」という税でした。

「租」は田に対して収穫物の約３％が課税され，稲で納めた。
「庸」は都に行って年間10日間の労働をする。または，布で納めた。
「調」は成人男性の人頭税として繊維製品，海産物，鉱産物など土地の産物を納めた。

■ 現代の租税

現代では，税はどのように考えられているでしょうか。専門的な辞典では，「国家または地方公共団体が，その一般経費を支弁する目的で，財産権によって一般人民から強制的に徴収する財物である」（『税務用語辞典』）と定義されています。

---

(2)　吉牟田　勲（1995）前掲書。

国家が徴収するものを「**国税**」，地方公共団体が徴収するものを「**地方税**」といいます。

国税庁のホームページ（http://www.nta.go.jp/）では，税を社会という組織の会費のようなものであるとして，次のように述べています。

> **「税は，私たちが健康で豊かな生活をするために，国や地方公共団体が行う活動の財源であり，私たちが社会で生きるための，いわば会費である。」**

国家または地方公共団体は，国民に対して道路や橋の建設，警察，消防などの公共サービスを提供するために，莫大な活動資金を必要としています。そうした活動を行うためには，公共サービスを受け取る国民に活動資金を負担してもらわなければならないのです。租税は，国民から徴収するその活動資金なのです。

2　現在における「税」の仕組み

■ 税の分類

税は，誰が徴収するか（言葉を換えると，どこに納めるか）によって，**国税**と**地方税**に分かれます。

国　　　税	国が賦課・徴収する税。
地　方　税	地方が賦課・徴収する税。都道府県民税と市町民税とに分かれる。

税は，負担する者と納める者が同じかどうかによって，**直接税**と**間接税**に分けられます。

直　接　税	税を納める者（納税義務者）と負担する者が一致する場合。例えば，所得税や法人税は，事業者が納税義務を負い，実際に納税するのも事業者です。
間　接　税	税を納める者と負担する者が異なる場合。例えば，消費税は，商品を買った消費者が負担しますが，納税するのはお店です。

税は，何に課税するかによって，**「所得課税」**，**「消費課税」**，**「資産課税」**に分けられます。

所得課税	所得税や法人税は，個人や会社の所得（利益）に対して課税するものです。
消費課税	人が洋服，食事，酒，タバコなどの物品を消費したりサービスの提供を受けたときに，その消費に対して課税するものです。消費税が該当します。
資産課税	土地や建物を所有することによる固定資産税，相続や贈与による相続税・贈与税などのように，資産に対して課税するものです。

■ 税金の納め方（給与所得者・個人事業者・会社）

給与所得者に対する**所得税**は，「**源泉徴収**」という方法で会社が給料から差し引き，個人に代わって会社が金銭で納税します。**住民税**も所得税と同様です。企業が給与等を従業員に支払うときに，税金を給与から「**天引き**」して預かり，これを国や地方自治体に納税しますから，国などからしますと税金を確実に徴収することができるというメリットがあります。従業員にとってもいちいち税金の計算をして，これを納めに行くという手続きもなくなります。

個人事業者は，本人が事業の**所得税**を計算して「**確定申告**」を行って本人が金銭で納税します。**住民税・事業税**は県および市町村長が所得税の確定申告書に基づいて税金を計算したものを個人事業者に通知して，本人が金銭で納税します。

KEYWORD

源泉徴収——給料，利子，配当などを支払うときに，その支払者が所得税を徴収して国に納入することをいいます。税の源泉となるところから徴収するという意味です。源泉徴収に対して，納税者が自分で納税額を計算して申告・納税する方式を「申告納税方式」といいます。

天引《てんび》き——企業が従業員に給料などを支払うときに，税金や保険料をあらかじめ差し引くことをいいます。企業は，それを従業員に代わって納めるのです。

確定申告——「申告納税方式」（上記）を採る場合，納税者が課税標準や税額を確定するために，一定期間の所得の額や控除の額を課税当局に申告します。これを「確定申告」といい，所得税の場合は，通常，翌年の２月16日から３月15日までに手続きします。個人事業者も税理士も，税務署も１年で一番忙しい時期です。

金銭で納税する——「金納」ともいいます。税は，通常，金銭で納めますが，金銭以外の，土地や建物などの「もの」で納めることもあります。これを「物納」といいます。

法人と個人——個人というときは，自然人（つまり，人間）を指します。法人とは，自然人以外の，法律上の権利・義務の主体となることができるものをいいます。人の集団であったり財産であったり，いろいろな形態の法人があります。多くの場合は，「会社」を指します。

法人（会社）は，事業の営業成績を決算期ごとに計算して**法人税の確定申告**を行い会社が金銭で納税します。**住民税・事業税**についても県および市町村長に対して確定申告を行って，金銭で納税します。

3　国の歳入と税収

徴収された税金は，いったい，いくらくらいになるのでしょうか。また，集められた税金で，国や地方自治体の財政はうまく賄《まかな》えているのでしょうか。ここでは，国の歳入と歳出を取り上げます。

国の会計年度は４月１日から翌年の３月31日までの１年間で，その間の**収入を「歳入」，支出を「歳出」**と呼びます。

表を見てください。平成19年度の歳入は，当初予算で約83兆円，その中で「租税及び印紙収入」の割合が約65％です。さらに，その租税収入のうち，所得税，消費税，法人税の割合が約53％を占めています。このことから，「租税」が国家財政を支えていることがわかります。

「**公債金収入**」（25兆円）とは，歳入不足を補うために国債を発行して国民から借りた「国の債務」です。これまでに発行された国債のうち，償還されていない（国の借金として残っている）金額が，平成19年度末で約547兆円（国民１人当たり，約428万円。これには，新生児もフリーターも含まれている）と見込まれています。

「**印紙収入**」は１兆２千億円ほどありますが，これは，売買契約書，領収書などに貼る「**収入印紙**」や「**特許印紙**」で，私たち専門家から見ますと，「税金」の一種です。事業を営んでいない人でも，パスポートを申請したり，マンションを購入したりするときに，収入印紙を使用します。

一般会計歳入

■国の収入（一般会計歳入）平成19年度当初予算

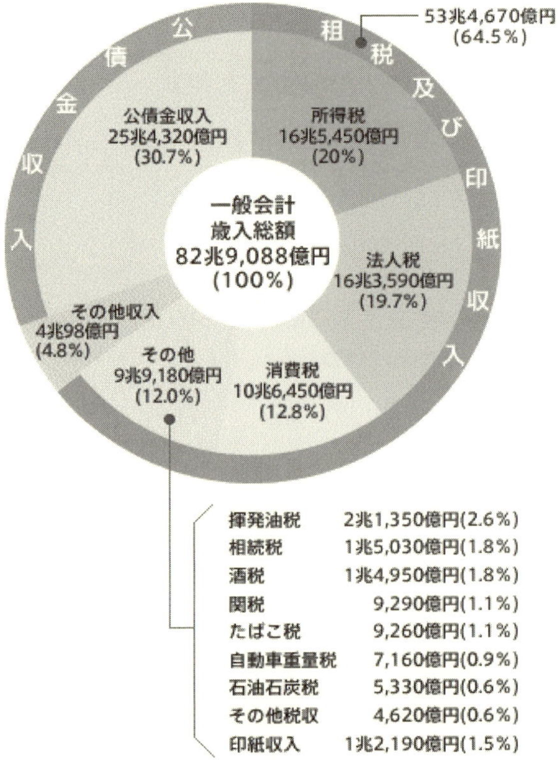

出所）国税庁ホームページ「税について考えよう・日本の財政状況を見てみよう」

4　国の歳出

平成19年度の歳出は，当初予算で約83兆円あり，その中で社会保障関係費（年金，医療，福祉等）の割合が約45％です。

また，国債残高の返済（元本＋利子）に「国債費」支出20兆9,988億円があり一般支出の約25%を占めます。

一般会計歳出

■国の支出（一般会計歳出）平成19年度当初予算

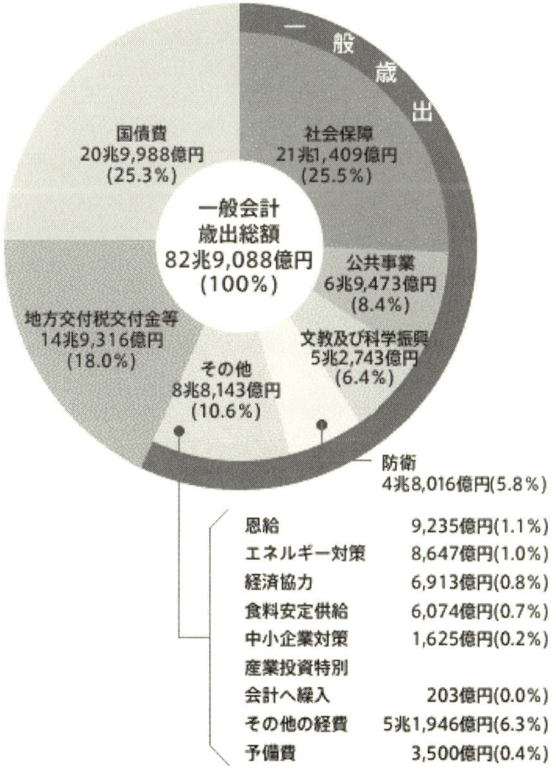

出所）国税庁ホームページ「税について考えよう・日本の財政状況を見てみよう」

2 誰が，誰に，何を根拠に課税するのか

最初に，ある中学生が書いた作文を読んでください。この作文は，中学校で行われた税に関する授業を聞いて書いたものです。

「税金の授業を受けて」

驚きました。税が，こんなにも私たちの生活を支えてくれていたなんて。

普段，私たちは，税のことをあまり意識せずに生活しています。意識するとしても，税の嫌な部分だけを見てしまいます。それは税の利益よりも，税を納めるという行為のほうが目に付きやすく，印象深いからでしょう。

しかし，税は納めなければならない嫌なもの，うっとうしいもの，という見方はまちがっています。

考えてみてください。もし，日本から税がなくなってしまったら……。図書館は利用できない，生活保護を受けられなくなってしまう人も出てくれば，私たちは学校へも行けなくなってしまうのです。

今，私の学校生活はとても有意義なものとなっています。税をきちんと納めている人達に感謝して，日々勉強しています。税や，税のしくみをくわしく知ったからです。

私たちが義務教育を無償で受けられるのは，税と，すべての納税者のおかげです。黒板，チョーク，教科書，この作文が書かれている原稿用紙も，税金で賄われているのです。学校で流れている時間一秒一秒が，税によって支えられていると言ってもいいでしょう。

しかし，なかには納めなければならない税を納めない人もいるのです。

なぜ，税を納めない人，脱税者が出てくるのでしょう。

もし，税が，税の正しいルール通りに運用されたのならば，脱税者は少なくなることでしょう。しかし，新聞やテレビのニュースを見ると，必ずしもそうではないようです。

　本当ならば，私たちの税を守るべき政治家が，税を私事に使っていた，などということがあります。
　このように，税が権力のある個人の為に使われてしまうのならば，税を納めたくなくなる人も出てくるのが納得できてしまうのです。
　また，財産が多い資産家などには，確かに税は煩わしいものかもしれません。税を納めて生じる利益が必要ないかもしれません。だからといって，
「私は税の見返りはいらないよ。だから税を納めないからね。」
などというふうにはいかないのです。道路も橋も信号も，作るのは，みんな税なのです。
　税とは，私たちに利益をもたらすだけでなく，社会的に不利な立場にいる人達を，助ける役割をも果たしているのです。
　脱税者をなくすには，政治家の信頼と，納税者の税に対する理解が必要です。この２つのものを得るには，相互の努力が不可欠なのです。
　すべての人の幸せのために，私を含めたすべての人が税を納めなければなりません。私は中学生なので，税といっても具体的には消費税ぐらいしかありません。しかし，たかが消費税，されど消費税です。しっかりと納めています。私たち中学生も立派な納税者なのです。
　まわりを見渡せば，多くのものが税で支えられています。これからも税に感謝し，きちんと税を納めていきたいです。

神奈川県横須賀市立武山中学校　３年　田中　綾

（筆者の許可を得て掲載）

　税金は，これから述べるように，法律によって国民の義務とされていますが，この作文を読みますと，**税を納めることは**，法律以前の，「**社会人としてなすべき当然の責務**」であることがわかります。

　いくら金持ちでも，「わたしは税金の見返り（税を納めたことと引き替えに受けるサービス）はいらない」とはいえないのですね。この金持ちが車を走らせれば税金で作った道路を走るでしょう，橋も使えば信号も利用

します。自分の家が火事になれば消防車を呼ぶでしょうし，自宅に泥棒や強盗が入れば，警察のお世話になるでしょう。「わたしは国や地方にはお世話にならないから，税金も払わない」というわけにはいかないのです。

1　税は国や地方公共団体の収入

上の話は，税を納める立場の人たち，つまり，国民の立場で書いたものです。では，税を受け取り，これを利用する国や地方の立場から見たら，どうなるでしょうか。

国や地方（都道府県，市町村など）は，都民・県民・府民・道民，また，市民・町民・村民にいろいろな公共のサービスを提供しています。例えば，国道・県道・市道，公営の小中学校や高校・図書館・病院・プール・公民館・保健所……，どれも非常に重要な公的サービスです。

国や地方が，こうしたサービスを国民・市民に提供するためには，そうした活動に必要な資金を準備しなければなりません。どうすればその資金を準備することができるでしょうか。

■ 集めた税金は何に使われるのか

上の，中学生が書いた作文にもありましたが，国や地方が，国民・市民から集めた税金を政治家や官僚などが不正に（私腹《しふく》を肥《こ》やすだけではなく，選挙の対策として選挙区に有利になるように税金を配分することも）使用することがあってはなりません。

国民・市民から集めた税金は，目的が決まっている税金（目的税，特定財源）であれば，その目的に合うように使って欲しいですし，一般目的の税であれば，国会などの議会で十分に審議して，適切に使って欲しいですね。

2　税に関する義務と権利

では，日本国民は，どういう根拠・理由から，税が課され，税を支払うのでしょうか。

税に関しては，「**納税の義務**」がありますが，その義務を果たせば，その見返りとして「**納税者としての権利**」，つまり，「**国や地方の公的なサービスを受ける権利**」を手にすることができます。

■「税」は権利でもあり義務でもある

そうした公共の利益，国民・市民が受けるべき公《おおやけ》のサービスを，国や地方が提供するために「税」があるのです。「税」は，納める立場からしますと「義務」でもありますが，国や地方が提供する公的なサービスを受ける「権利」を手にすることでもあるのです。また，税を受け取る国や地方の立場からしますと，「税」は「**課す権利**」があると同時に，それに見合った「**公的なサービスを提供する義務**」を負うのです。

■ 憲法における「納税の義務」

日本国憲法では，国民の３大義務として，「**教育の義務**」「**勤労の義務**」「**納税の義務**」を定めています。すべての国民は，「教育を受ける権利」を有し，その「子女に普通教育を受けさせる義務」を負い，また，「勤労の権利」を有するとともに「勤労の義務」を負います。

「**納税の義務**」は，次のように書かれています。

憲法第30条「（納税の義務） 国民は，法律の定めるところにより，納税の義務を負ふ。」

■ 租税法律主義

上の憲法第30条には「法律の定めるところにより」納税の義務を負うと書かれています。法律の定めがなければ，税金が課されることはありません。これを，「**租税法律主義**」といって，憲法に次のように明記されています。

憲法第84条「（租税法律主義） あらたに税を課し，または現行の租税を変更するには，法律または法律の定める条件によることを必要とする。」

■ 応能負担の原則

憲法に「**納税の義務**」が定められ，特定の税（例えば，サラリーマンや自営業者に課される「所得税」など）に関する法律（所得税法）が国会で制定されますが，そこでは，いくつかの基本的な考えがあります。

1つは，税金を納める能力（**担税能力**）が高い人には多くの税金を負担してもらい，税金を納める力の弱い人には，少なめに負担してもらうという考えです。これを「**応能負担の原則**」といいます。

所得税であれば，給与所得や事業所得の多い人には多めに，少ない人には少なめに負担してもらうという考えです。そうした考え方は，現在では，多くの国民が平等，公平に生活が営めるように工夫された税金の仕組みであると考えられています。

ただし，給与所得や事業所得にあまり高い税金を課しますと，労働意欲を削《そ》ぐことになりかねませんので，税率には上限が定められています。また，所得が一定額以下の人には課税しないという下限もあります。

3　税金のいろいろ

税金にはたくさんの種類があります。私たちの生活に関係あるものを見ますと，サラリーマンの給料にかかる税金として給料から差し引かれる源泉**所得税**や**住民税**，自動車を購入したときには**自動車取得税**，家を持っていれば保有していることで**固定資産税**，たばこを吸えば**たばこ税**，お酒を飲めば**酒税**，温泉に入れば**入湯**《にゅうとう》**税**，ゴルフをすれば**ゴルフ場利用税**などさまざまな税金がかかります。

身の回りに直接関係ない税金をみますと，会社が商売で儲けたことに対し，その利益に応じて国に納める**法人税**や都道府県に納める**法人事業県民税**，外国からものを輸入するときは**関税**，一定規模以上の事業を行うと**事業所税**がかかります。

税金を分類する方法については，すでに簡単に紹介しましたが，ここでは，もう少し詳しく説明します。

1　国税と地方税

既に述べましたように，国が税金をかけるのが**国税**で，地方公共団体（地方自治体とも言います——都道府県や市町村）がかける税金が**地方税**です。

国税（国が課す税金）

法　人　税（企業の利益）	株式会社や有限会社などの法人の所得金額に対してかかります。所得に対して原則30％ですが，中小法人は年間800万円までは18％（平成21年４月１日から平成23年３月31日までに終了する事業年度）です。
所　得　税（個人の稼ぎ）	個人の１年間の収入から経費を引いた所得金額に対してかかります。所得は10種類に区分され税率は５％から40％です。
消　費　税	商品の販売やサービスの提供に対してかかる税金です。物の取引のすべての段階で税金がかかるため最終的には消費者が負担することになります。税率は国税が４％で地方税が１％の合計５％になります。
相　続　税	人が死亡したとき，その人の財産を親族である相続人に受け継がせるときにかかる税金です。基礎控除は5,000万円で法定相続人１人につき1,000万円が加算されます。それを超えたときに税金がかかります。
贈　与　税	個人からお金や物を無償でもらったときにかかります。基礎控除は110万円でそれを超えたときに税金がかかります。税率は10％から50％です。
酒　　　税	清酒・ビール・ウィスキーなどを製造場から出荷したときにかかります。ビールは売価のほぼ半分が税金になっています。
関　　　税	外国からの輸入品にかかります。輸入者が納めます。これには国内産業保護という機能があります。
印　紙　税	契約書，領収書，通帳など印紙税法に定められた文書を作成したときにかかります。通常は収入印紙を貼ることによって納めます。文書の種類や金額により税額が決められています。
登録免許税	土地，建物の取得，会社の登記，法律上の権利の登録，免許などを受けるときにかかります。税額は免許等の種類によって定められており，現金で納める

	方法と収入印紙を貼ることによって納める方法とがあります。
たばこ税	たばこを製造場から出荷したときや輸入したときにかかります。たばこの本数に一定の税率を乗じて納めます。税率は約1,000本当たり約2,000円から4,000円です。
自動車重量税	自動車の購入や車検を受けるとき，軽自動車の車両番号の指定を受けるときにかかります。税額は自動車の種類や車検証の有効期間によって定められています（自動車取得税は，地方税のところで説明します)。
石油ガス税	石油・天然ガスを採取場から出荷したときまたは石油・天然ガス・石油製品を輸入したときにかかります。税率は1kg当たり約18円です。
揮《き》発《はつ》油《ゆ》税《ぜい》	自動車のガソリンなどを製造場から出荷したときや輸入したときにかかります。納める者は揮発油の製造業者です。税額は1kℓ当たり48,600円（平成20年5月1日から平成30年3月31日まで）です。

■ 地方税（地方自治体が，行政サービスの財源として住民等に課す税金）

地方税には，**都道府県民税**と**市町村税**があります。都道府県は，都道府県としての行政サービスを行う財源として税を課し，市町村は，市町村としての行政サービスを行うための財源として税を課しています。

わかりやすい例でいいますと，道路には，国道，県道，市道，村道などの公道と，私人が所有していて一般の交通に開放している私道があります。公道を敷設したり維持管理するための費用は，国道なら国が，県道なら県が，市道なら市が負担します。

警察署は都道府県が，消防署は市町村がサービスを提供していますが，その費用は，**都道府県民税**，**市町村民税**として徴収されています。県民税や市民税は，こうした県や市の行政サービスに使われているのです。

住民税

地方税にはいろいろな種類がありますが，最初に，住民なら誰にでも課される「**住民税**」について説明します。

住民税は，個人と法人の所得を課税対象としています。1月1日現在住所を有する人や法人に，**所得割**と**均等割**で課されます。実際に住んでいなくても，事務所や家屋を持っている人や法人にも均等割が課されます。

> **KEYWORD**
>
> **均等割**というのは，所得の額にかかわりなく，１人または１社あたりに定額で課される税です。
>
> **所得割**というのは，所得金額に応じて課せられる税です。法人の場合は所得割ではなく，法人税額に応じた「**法人税割**」が課されます。

以下では，住民税を含めた地方税を紹介しましょう。

地方税（道府県税）

都道府県民税 （住　民　税）	個人，法人ともに均等割（所得の金額にかかわりなく１人または１社当たりの定額負担）と，個人については所得割（所得税と同様で収入から経費を引いた所得金額に応じた税額），法人については所得ではなく法人税額に応じた税額（法人割）と資本金に応じた均等割がかかります。

事　業　税	個人，法人ともに事業を営んでいるときに，所得金額または収入金額に対してかかります。個人の税率は３％から５％で法人は所得金額に応じて定められます。
自 動 車 税	原則として，毎年４月１日現在の自動車の所有者にかかります。排気量によって10段階に区分されます。例えば1,000cc以下の営業車は7,500円，自家用車は29,500円です。1,000ccから1,500ccまでは8,500円，34,500円になります。
地方消費税	消費税が課税される取引に対して消費税と併せてかかります。税率は消費税額の25％です（国の消費税率４％×25％＝１％が地方消費税率となります)。
不動産取得税	土地や建物を有償・無償，登記の有無を問わずに取得したときにかかります。税率は不動産価格の４％です（住宅と土地は３％：平成18年４月１日から平成24年３月31日まで)。マイホームには軽減があります。
道府県たばこ税	卸売販売事業者等が小売販売業者に売り渡したたばこの本数に応じてかかります。
ゴルフ場利用税	ゴルフ場を利用したときにかかります。
自動車取得税	自動車を取得したときにかかります。税率は原則取得価額の３％（自家用車は５％）です。低排出ガス車には税率が軽減されます。
軽油引取税	引取りをした軽油の数量に応じてかかります。１kℓ当たり32,100円です。

■ 地方税（市町村税）

市町村民税（住民税）	県民税と内容は同じです。個人，法人ともに一定の額である均等割，個人については所得割，法人については法人税割がかかります。都の場合は，区民税と呼びます。
固定資産税	土地や家屋の所有者にかかります。標準税率は固定資産税評価額の1.4％です。
軽自動車税	原動機付自転車や軽自動車などを所有しているときにかかります。税率は１台当たりの年額で定められ，例えば自家用の軽四輪乗用車の場合は年7,200円です。
市町村たばこ税	都道府県たばこ税と同様ですが，税率だけが異なります。1,000本当たり原則3,298円です。
入湯税	温泉地の温泉に入浴したときにかかります。１人１日につき標準税額は150円です。
事業所税	指定都市などの所在する一定規模以上の事務所や事業所にかかります。床面積１㎡当たり600円です。従業員割（従業員給与総額×税率0.25）もあります。
都市計画税	市街化区域内に所在する土地や家屋にかかります。税額の計算方法は固定資産税とほぼ同じです。税率は固定資産税評価額の0.3％です。通常，固定資産税とあわせて納税します。

2　直接税と間接税

これは一般的に税金の納め方から区分するもので，税金を負担する人に直接かける方法が**直接税**であり，品物を製造した段階で税金をかけて品物を最終的に買うことによって品物の代金に含まれている税金を負担する方法が**間接税**です。

たとえば**酒税**の場合には酒の製造業者が税金を納付しますが，納付された酒税の金額は酒の価格にプラスされて販売され，最終的に消費者が酒を買うことによって税金を負担します。すなわち最終消費者に税金の転稼《てんか》が行われるのが間接税です。

直　接　税	（税金を納める者と負担するものが同一である税金） 法人税，所得税，相続税，贈与税
間　接　税	（税金を納める者と負担するものとが異なる税金） 消費税，酒税，石油税，たばこ税，揮発油税，地方道路税

3　普通税と目的税

一般的な経費として財政支出されるのが**普通税**で，特定の費用として税収の使途が決められているのが**目的税**です。

普　通　税	（一般的な財政支出に充てられる税金） 法人税，所得税，相続税，道府県民税，事業税，不動産取得税，固定資産税，市町村民税など
目　的　税	（税収の使途が特定されている税金） 揮発油税，石油ガス税，地方道路税，軽油引取税，都市計画税，入湯税など

4　その他の税の分類

■ 消費と流通に課す税

税金をどの段階で課税するかによって区分する分類です。一定の収入を得て**儲けに課税される税金**と**一定の財産を所有している事実に基づいて課税される税金**と財またはサービスの**消費や財の移転や流通に課税さ**

れる税金とがあります。

所得に課す税金	法人税，所得税，道府県民税，市町村民税
所有に課す税金	相続税，贈与税，固定資産税
消費に課す税金	消費税，酒税，ゴルフ場利用税，地方消費税
流通に課す税金	自動車重量税，登録免許税，印紙税

■ 個人に課す税と法人に課す税

税金を納めるのが個人か法人で区別する方法です。

個人に課される税金	所得税，消費税，住民税，個人事業税，相続税，贈与税
法人に課される税金	法人税，消費税，法人県民税，法人市民税，法人事業税

■ 人に課す税と物に課す税

所得や財産が帰属する人を中心に課するのが**人税**《ひとぜい》であり，財産や収益自体に課税されるの**物税**《ものぜい》です。

人　　税	法人税，所得税，道府県民税，市町村民税
物　　税	固定資産税，自動車税，事業税，たばこ税，石油税，酒税

4 税金はどのようにして集めるのか

1　納税の３パターン

法律に基づいて税を納めるのは私たちに課せられた義務ですが，それでは，税金の納め方にはどのような方法があるのでしょうか。

納税には３つのパターンがあります。１つ目は**申告納税方式**，２つ目は**賦課課税方式**，３つ目は**自動確定方式**です。

■ 申告納税方式

納税者の申告によって納税義務が確定するもので，納税者が法律の規定に従って自ら所得金額や税額を計算して申告し納税する方式です。

この申告納税制度の下では，納税者の申告手続によって税金が確定することになりますが，それは暫定的なものであり，変わることもあります。申告内容において所得の計算に誤りがあり，税額が過少または過大である場合は自ら修正することもできますが，税金を課す官庁の手続きにより是正されることもあります。

また（申告すべきなのに）申告が行われない場合にも，官庁により納税の義務の確定手続きが取られて，納税が確定することもあります。

この制度は自分の所得の状況を最もよく知っている納税者が，自らの責任において申告する最も民主的な納税の制度といえます。わが国では昭和22年度の税制改正で法人税，所得税および相続税に導入され，現在では，国税のほとんどと地方税の一部でこの制度が採用されています。

申告納税方式	**（国　税）**	**法人税，所得税，相続税 贈与税，消費税，酒税**
	（地方税）	**法人市県民税，法人事業税， 不動産取得税**

賦課課税方式《ふかかぜい》

税金を課す官庁が税額を確定する方法で，具体的には税額が記載されている**納税通知書**が納税者に送達されることによって納税することになります。この方式は一部の国税と地方税の多くが採用しています。国税においては納付すべき税額を税務署長等が処分により確定する方式ともいわれています。

賦課課税方式	**（国　税）**	**加算税**注1**，延滞税**注2**，利子税**注3
	（地方税）	**個人市県民税，固定資産税， 自動車税，加算税，延滞税**

注１　**加算税**とは，税務署長に申告書の書類を提出した後に，税額が少なすぎて修正されたときなどにかかる税金で，本来の税金にプラスされます。加算税には**過少申告加算税**（原則10%），**無申告加算税**（原則15%），**重加算税**（原則35%），**不納付加算税**（原則10%）があります。

注２　**延滞税**とは，本来納める税金を期限までに納めないときにかかる税金です。年14.6%の割合ですが，納期限後２か月以内は「年7.3%」と「前年の11月30日の公定歩合＋４%」のいずれか低い割合です。

注３　**利子税**とは，所得税や相続税を一括に納付できない場合は分納（延納）になりますが，そのときの税金です。税率は内容により定められていますが，所得税の場合は「年7.3%」と「前年の11月30日の公定歩合＋４%」のいずれか低い割合です。

■ 自動確定方式

上記の２つの方式以外によって税額が確定する方式として，自動確定方式があります。これは納税する義務が成立したと同時に自動的に確定するものです。

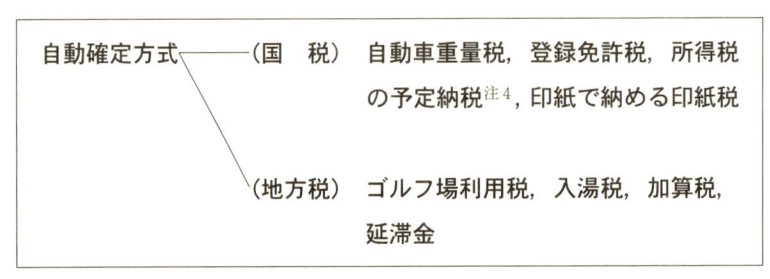

自動確定方式
- **（国　税）　自動車重量税，登録免許税，所得税の予定納税[注4]，印紙で納める印紙税**
- **（地方税）　ゴルフ場利用税，入湯税，加算税，延滞金**

注４　**予定納税**とは，申告をして税金を納める人で前年の税額が一定額以上の人に税務署長がその年の税金が確定する前にあらかじめ税金の一部を納めてもらう制度です。

２　源泉徴収制度（国税）

わが国の収入（歳入）の中で，約65％が税収です。その中でもっとも多い収入が所得税になっています。**所得税の建前は申告納税制度**ですが，特定の所得については「**源泉徴収制度**」を採用しています。

この源泉徴収制度の主なものは，給与所得者であるサラリーマンに毎月支給する給料から雇い主が所定の所得税を徴収して国に納付するものです。１月から12月までに徴収した税額を精算（「**年末調整**」という）して過不足額を算出します。源泉徴収するだけで課税関係が完結することになりますので，この制度は非常に重要な制度になっています。また，給与所得以外にも配当所得，公的年金等の雑所得，退職所得，利子所得等さまざまな所得についても採用されています。

源泉徴収制度の流れ

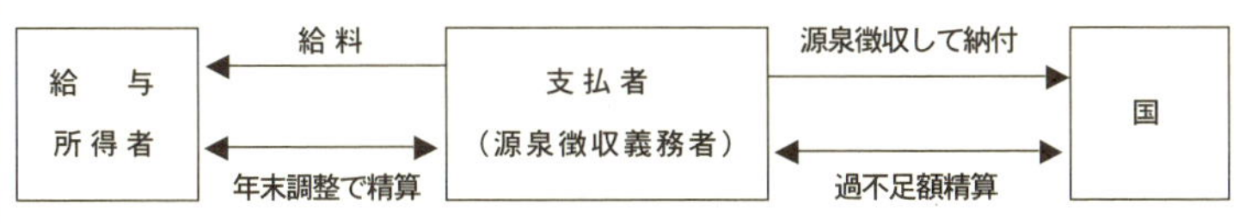

源泉徴収の範囲

利子等	公社債および預貯金の利子
配当等	法人から受け取る剰余金の配当
給料等	給料，賞与，歳費
公的年金等	国民年金，厚生年金，恩給
退職手当等	退職金
報酬料金等	1）弁護士，公認会計士，税理士等の報酬 2）プロ野球選手，プロサッカー選手等の報酬 3）医師の社会保険診療報酬 4）芸能人等の出演・演出の報酬 5）講演料，原稿料の報酬

3　普通徴収と特別徴収（地方税）

個人の都道府県民税と市町村税は，**普通徴収**と**特別徴収**の２つがあります。個人の選択により，いずれかの方法により納付します。

■ 普通徴収（本人が直接納める方法）

普通徴収は，市町村が納税者に対し，納税額およびその計算基礎，納期および各納期における納付額等を記載した**納税通知書**を交付します。その納税通知書に基づき年４回に分けて納付します。この対象者は個人事業主や中途退職者などです。

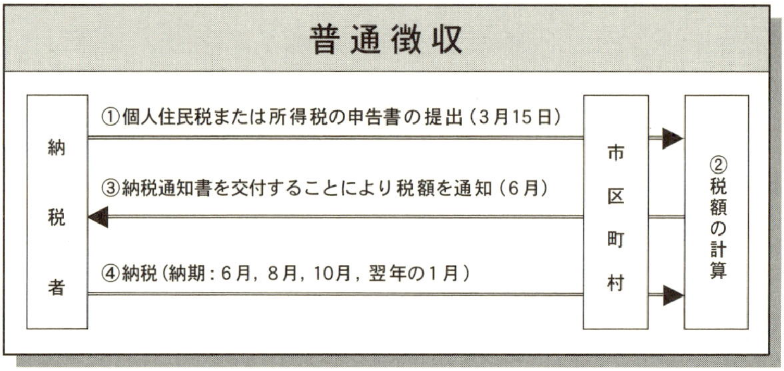

■ 特別徴収（給料から天引きする方法）

特別徴収は，源泉所得税と同じように都道府県民税と市町村民税を給与から直接差し引く方法です。給与所得者については給与の支払者が特別徴収義務者となり，6月から翌年5月まで12回に分けて給与支払の際に徴収してそれを国に納付します。

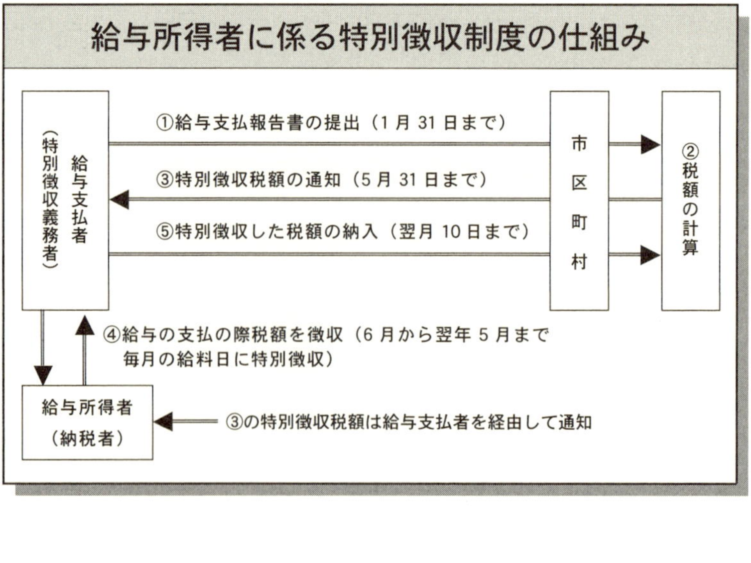

■ 公的年金等所得者

公的年金等所得者の公的年金等に係る個人住民税については平成21年度分から特別徴収の方法によって納付します。

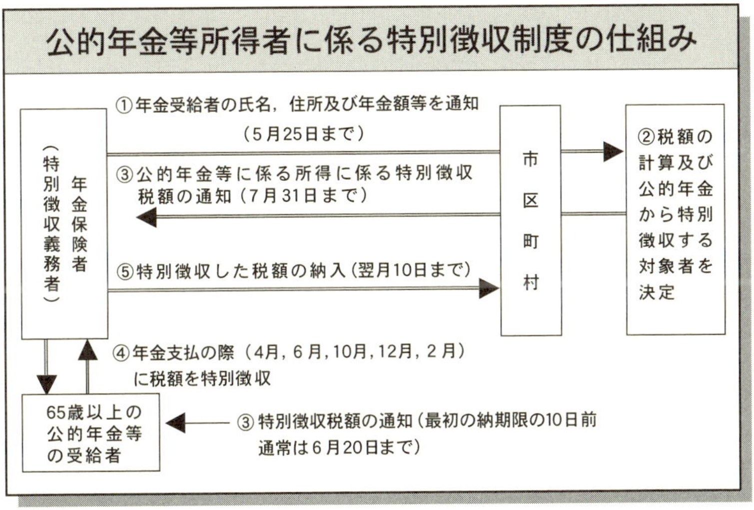

5 納めた税はどのように使われているのか

私たちが毎日，安心して生活していけるのは，私たちが国や都道府県・市町村に納めた税金が社会保障の充実，特に医療や年金など，住宅や道路の整備，教育や科学技術の振興などに幅広く使われて行政サービスとして，私たちに還元されてくるからです。

国や地方自治体が公共サービスを提供するためには，たくさんの資金が必要です。そのために国民から集めた税金を活用して，国民が安心して文化的な生活ができるようにしようとしているのです。

この資金源は，それぞれの個人事業で汗水垂《た》らしながら働いた儲け，満員電車に揺られながら通勤して働いた所得，法人企業とそこで働いている社員の人たちが納めた税金なのです。

1　税の使い道

国の歳出予算（平成20年度一般会計予算額）から，国としての収入がどのように使われているか，その内容について金額の大きい順に見ることにしましょう。

社会保障関係費 （私たちの健康や生活を守るため）	21兆7, 824億円	26. 2%
国　債　費 （国債の償還や利子支払のために）	20兆1, 632億円	24. 3%
地方交付税交付金 （地方財政のために）	15兆6, 136億円	18. 8%
公共事業関係費 （住宅や道路などの整備のために）	6兆7, 352億円	8. 1%
文教・科学振興費 （教育や科学技術振興のために）	5兆3, 122億円	6. 4%
防 衛 関 係 費 （国の防衛のために）	4兆7, 796億円	5. 8%
その他いろいろの施策のために	8兆6, 751億円	10. 4%

※　財務省平成20年度予算表をもとにしています。

次に，私たちが納めた税金が生活や安全を守るために行政サービスとして国民１人ひとりにどのくらい還元されているかを見てみます。毎年，次のように身近なところに使われていることがわかります。次の表を見てください。

教　育　費 （公立学校の児童・生徒１人当たり）	小学生１人当たり　834, 000円 中学生１人当たり　948, 000円 高校生（全日制）　911, 000円
国民医療費の公費負担額	国民１人当たり　約94, 400円
生活や安全を守るための警察・消防費	国民１人当たり　約402, 500円
市町村のゴミ処理費用	国民１人当たり　約17, 700円

平成20年度版『私たちの税金』財団法人大蔵財務協会編　21頁

現在，国や都道府県，市町村は，毎年，小学生１人について約83万円，中学生１人について約95万円を教育費として支出しています。義務教育を終えた高校生にも，１人当たり約91万円の支出をしています。誰もが等しくよりよい教育を受けられるように，国は歳出の6.4％を教育に充てているのです。

教育費のうち，国と都道府県の負担割合は，次の表を見てください（公立の小中学校）。

用　　途	国の負担	都道府県・市町村	用　　途	国の負担	都道府県・市町村
先生の給料	33.3％	66.7％	教科書	100％	0％
校舎の修理	0％	100％	学校の建設	50％	50％
実験器具購入	50％	50％			

神奈川県租税教育推進協議会『わたくしたちの生活と税』12頁

2　社会保障関係費はどのくらい使っているのか

日本では，総人口に占める高齢者の割合が急速に高まっています。日本は，世界に先駆けて高齢化が進んでおり，今後もいっそうの高齢化が進む見込みです。

少し具体的な話をしますと，日本の人口は2006年をピークに減少する現状にあり，生産人口と高齢者人口の割合は，2050年には「生産人口5,700万人，高齢者3,600万人」（国立社会保障人口問題研究所調査）になると予想されています。2000年には１人の高齢者を3.6人の国民が支えていましたが，2020年にはこれが1.9人になり，2050年には1.4人になることが予想されています。

そうした高齢化のために国が予算の中に織り込んでいるのが，**社会保障関係費**です。それは平成20年度一般会計予算額によれば，21兆7,824億円で歳出総額の実に26.2％を占めています。

社会保障関係費の内訳	
社会保険費	17兆5,132億円
生活保護費	2兆5,005億円
社会福祉費	1兆6,589億円
保健衛生対策費	4,094億円
失業対策費	1,955億円

3　小学校・中学校で勉強するのにこんなに税金が使われている

国の文教や科学振興の予算は，平成20年度一般会計予算額によれば，５兆3,122億円で，一般歳出の約6.4％です。このうち，義務教育国庫負担金として，１兆6,659億円ほどが使われています。年間小学生１人にかかる義務教育費は，上に紹介したように，83万４千円です。これを６年間としますと実に500万円ほどを国が負担していることになります。

同じように**中学生１人にかかる義務教育費**は１年間94万８千円です。それを３年間受けるとしますと284万４千円になります。９年間の義務教育を受けると784万円を超えるサービスを国から受けることになります。

4　歳入不足のとき発行する「赤字国債」

わが国の**公債残高**（国としての借金）は，年々，増加の一途《いちず》をたどっています。**公債**は，国が５年や10年という償還期限を定めた「**国債**」という証券を発行して国民などに買ってもらうものです。これを「**公債金**」といい，高い金利をつけています。

国債の発行は，公共事業費や出資金などに充《あ》てる「**建設国債**」を除いては，原則として発行することが禁止されています。しかしながら，国の経済状況が悪いなどの事情から国の歳入が不足する場合には，国民の生活のために，特別の法律により，国債を発行することがあります。これを「**赤字国債**」といいます。

昭和40年代から国の歳入不足を補うために国債を発行して，国の予算として使われてきました。平成19年度末には，その残高が約547兆円になります。国民１人当たりの借金が428万円，４人家族ですと1,712万円になります。１万円札を積みますと，100万円で１㎝，１千万円なら10㎝１億円なら１ｍになるといわれています。１万円札を積み上げたとすれば，国の借金は，富士山の高さの約1,400倍という，とんでもない高さになります。

「公債金」は，平成19年度一般会計歳入歳出概算では，25兆4,320億円で，歳入に占める割合は，約30％を占めています。わが国では，国家の予算の３割を国民からの借金でまかなっていることになります。

PART 2
税務会計の基礎

1 利益の計算と税金の計算はどのようにつながっているのか ――確定決算主義の話

1　確定決算主義に立つ法人税

法人（会社）に課す税金にはいろいろありますが，法人が継続的な事業活動によって稼いだ利益（税法では，**「所得」**といいます）に課す税金は，「法人税」です。その意味では，「法人税」というより，**「法人所得税」**といったほうが的を射ています。

他にも，法人が清算（法人が解散するときに，財産や債務の後始末をすること）するときの所得（**清算所得**）などがありますが，ここでは，法人（会社）が継続的な事業活動によって得た所得について，いかなる税金が課せられるかを書くことにします。

法人の**事業所得**（会計の用語でいいますと，**当期純利益**）に対しては，国が**「法人税」**を課します。法人が，国民や法人に，国のサービス（政治，法律，道路，港湾，免許，国防，情報など）を提供する対価（見返り）として，税という形で国が徴収するのです。これを逆に，納税者である国民の立場から見ますと，政治，道路，港湾，消防，警察，免許，国防……といった国のサービスを受ける権利を得るために税を支払うのです。

■ 法人税法の規定

法人税法第74条には，次のように書いてあります。

「確定した決算に基づき……申告書を提出しなければならない」
「申告書には，貸借対照表，損益計算書……を添付しなければならない」

ここでいう「**確定した決算に基づき**」とは，株式会社の場合でいいますと，**株主総会で承認または報告された決算書に書かれている利益の額を企業所得**とみなして，これをベースにして**課税所得**と**課税額**を計算することをいいます。これを「**確定決算主義**」または「**確定決算基準**」といいます。

■ トライアングル体制

日本の会計制度は，これまで，旧商法，旧証券取引法，法人税法という３つの法律によって規制されてきました。旧商法はいまでは**会社法**に，旧証券取引法は現在，**金融商品取引法**（金商法）に代わっています。それぞれの法律が，別の法律があることを前提にして，自分の法律を簡素化したのです。これを，**トライアングル体制**といいます（金属打楽器に三角形をしたものがありますね)。

３つの法律が会計制度と会計実務を規制するありかたは，それぞれの法の規制目的が違うことから不都合なこともありましたが，３つの法律を適用した結果としての決算書が１つで済むというメリットもあります。

３つの法律がお互いに依存しあって規則を作りますから，どの法律も簡潔で，別の法律が決めたことは自分の法では書かないというやりかたです。会計に関する法律は，株主に対する決算報告でも，税務署に対する確定申告でも，お金を借りるために作成する銀行宛の財務諸表でも，同じように適用されますから，どの報告書も内容は同じで，財務諸表

(決算書) を利用する人達 (投資家，株主，銀行，課税当局……) には非常に便利です。

こうした3つの法律の関係は，しばしば，次のように示されてきました。

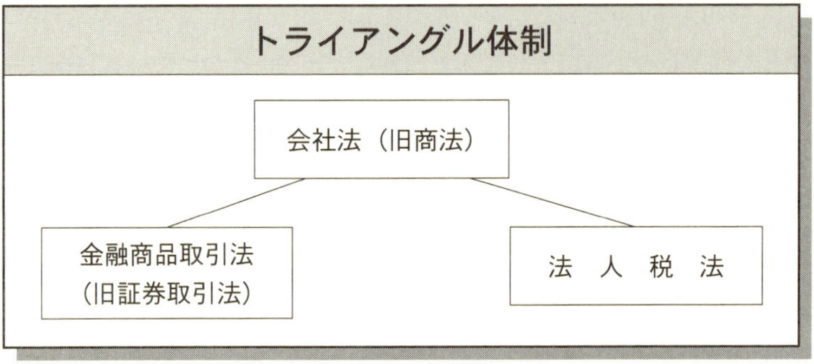

■ 会社法と法人税法で同じ処理方法を採用するのが原則

課税所得を計算する場合，収益，費用，損失，資産，負債などを処理する方法として，**一般に公正妥当と認められた基準**がいくつか存在することがあります。例えば，固定資産の減価償却には，定額法，定率法，生産高比例法などの方法が認められていますし，商品・製品などの棚卸《たなおろし》資産の原価配分には先入先出《さきいれさきだし》法，平均法，個別法などの方法が選択適用できることになっています。

法人税法では，会社が定額法を採用して決算を行うときは，税金の計算上も定額法を使うことを求めています。**会社法による決算において採用した方法を，税務上も採用**しなければならないのです。

例えば，会社法決算において，在庫の評価方法として先入先出法を採用している場合には，課税所得の計算でも先入先出法を使わなければなりません。割賦《かっぷ》販売や工事進行基準などの採用でも同じです。減価償却費や資産の評価損なども，会社法決算において費用計上されていなければ，税金計算上も損金《そんきん》（費用）に算入することはできません。

こうした税法の要件は，**期間損益計算**（会社法）と**課税所得**（法人税法）**の計算を結びつける**ことによって，法人の経理負担を小さくすることと，もう１つ，**不当な法人税の回避**をさせないことにねらいがあるといえます。

■ 会社法会計と税法会計で会計処理を変えるとどうなるか

もしも，会社法上の期間損益の計算と法人税法上の課税所得の計算に，それぞれまったく違った処理方法を使ってもよいということになりますと，一部の企業は，会社法上は最も利益が大きくなるような方法を採用し，他方で，税務計算上は，最も課税所得が小さくなる処理方法を採用するのではないでしょうか。そうなると，確定決算（会社法）においては巨額の利益を報告しながら，税務上は赤字（損失）を報告するということもありえます。

具体的なケースを考えてみましょう。固定資産に定額法を適用しますと，償却の初期には定率法よりも減価償却費は少なくなります。定率法を採用すれば，償却の初期に償却費が大きく計算されます。そこで，会社法の損益計算では定額法を採用して費用を少なく（利益を大きく）し，税務会計上は定率法を採用して損金（減価償却費）を大きく（利益を小さく）計算するといった経理が行われる可能性があります。

工事収益の計算を考えてみましょう。長期の請負工事の場合は，工事による収益を計上する方法として，工事完成基準と工事進行基準の選択適用が認められてきました。工事完成基準は，契約した工事が完成するまでは収益を計上せず，完成した期に工事収益のすべてと工事にかかる費用を計上します。

それに対して，工事進行基準は，工事が進行する度合いに応じて，各期に工事収益と工事費用を計上します。工事進行基準は利益を早期に計上し，工事完成基準は利益の計上を遅らせる，という特徴があります。

そこで，企業決算上は，工事進行基準を採用して利益を早期に計上し，税務上は工事完成基準を採用して**益金**《えききん》（課税所得）の計上を遅らせる，といった選択が行われるでしょう（工事契約の会計基準が変わり，今後は，原則として工事進行基準を適用することになりました）。

一般論としては，経営者も株主も，経営者の業績指標としての利益，配当の財源としての利益は大きければ大きいほどよいと考えるでしょう。他方で，課税の対象となる所得は，小さければ小さいほど税金が少なくなるので歓迎するのではないでしょうか。つまり，企業会計（会社法決算）では利益を大きく，税金の計算では課税所得を小さくしたいのです。

2　確定決算主義のメリット

税法が確定決算主義を採用するのは，こうした企業の身勝手な計算を許さないためです。確定決算主義では，**会社法による企業決算が株主総会によって承認された場合に，そこで確定した利益を，税金計算において課税することができる所得とみなす**とするものです。企業決算が適正に行われていることを前提としているのです。

したがって，**会社法による企業決算において利益を大きく報告した企業には，税務上も所得を大きく計上**するように，それに応じた税金を負担してもらうというものです。この目的にとっては，税法が会社法の会計規定を前提としているという構造は，実に効果的であるといえます。

このシステムは，うまく機能すれば，大きな利益を計上したいという願望と，税金を少なくしたいという願望とを，うまくバランスさせることができます。利益を大きくしたいと考える企業は，それに応じた税金を負担しなければならないし，逆に，税負担を小さくしたいと考える企業は，報告する利益も小さくすることで我慢しなければならないのです。

■ 法人税法の「逆基準性」

では，こうしたシステムを採用している場合，経営者はどういう選択をするでしょうか。利益を大きく計算するほうにインセンティブを感じるでしょうか，それとも，税金負担を小さくするほうに惹《ひ》かれるでしょうか。

それは，それぞれの企業がおかれた状況によって違うと思われます。株式を公開している企業（**上場会社**），とりわけ外国人の持ち株比率が高い企業の場合には，株価を高く維持するためにも配当要求に応えるためにも大きな利益を報告するほうにインセンティブがあるでしょう。

しかし，**非公開会社**や株式の持ち合いが行われているために個人投資家による持ち株比率が小さい企業の場合には，大きな利益を報告する必要はありません。むしろ，それよりも，税負担が小さいほうが望ましいと考えるのではないでしょうか。

そうはいっても，中小企業でも，銀行から資金を借りるために，業績をよく見せようとして利益を過大に報告することもあります。

わが国では，上に述べたように，会社法による企業決算と税務計算が確定決算主義によってリンクしていることから，税負担を小さくしたいと考える企業は会社法上の利益を小さくなるように会計処理しがちです。つまり，税金が少なくなるように会社法決算が行われるのです。

これがわが国で「**会社法に対する法人税法の逆基準性**」と呼ばれる現象です。

確定決算主義は，元来，会社法の会計規定が税法に対して「**基準性**」を与えるものです。会社法の会計規定に準拠して利益を計算し，その利益をベースとして課税所得を計算するという考え方です。ところが，現実には，会社法と税法の計算を一致させると，会社法によって計算した利益が大きくなると税金も大きくなるということから，**税金を少なくするために利益を小さくなるように会社法の会計規定を運用**するということをしがちです。これが，下位の法である税法が基準性を持ち，上位の法である会社法が税法に従うという「**逆基準性**」の問題です。

会社法の会計規定は，債権者（社債の所有者，会社へ資金を貸している者，取引先など）の保護を図るとともに，企業経営と経理の健全性を高めることを目的としています。税法の逆基準性は，こうした会社法の理念とは相容《あいい》れないといえるでしょう。確定決算主義には多くのメリットがありますが，反面，運用の実態を見ますと，数多くの弊害や逆基準性による税の回避を許容するというデメリットもあります。

確定決算主義が採用されてから半世紀が過ぎました。今日では，この制度のメリットよりもデメリットのほうがはるかに大きくなってきたのです。この制度は，抜本的に改革することが必要な時期にきているのではないかと考えられます。

2 所得税 ── 個人事業者の会計と税金

1　所得税はどんな税金か

所得税は，**個人が**１月１日から12月31日の間に**稼いだ所得にかかる税金**です。所得税は，直接税・間接税という区分の中では，**直接税に分類**されます。税を負担する人と税を納める人が同一なのです。

- 直接税の代表的なもの……所得税，法人税，住民税
- 間接税の代表的なもの……消費税，酒税

■ 所得税はどんな人が負担するのか

所得税は，通常「**個人**」に対し課税されます。身近な例では，アルバイトで稼いだ給与が一定金額に到達した場合に**源泉徴収**されたり，株式などの**配当金**を受け取る際に（証券会社が）差し引いたりします。

■ 所得税は誰が納めるのか

個人事業主の場合は，原則として，自分で決算書を作成し，確定申告書を提出して，所得税を支払います。

サラリーマンの場合は，毎月会社から支払われる給与から所得税が差し引かれ（**源泉徴収**といいます），会社が本人に代わって所得税を国に納めます。そのため，自分で納める必要はないのですが，副業等で稼いだ収入がある場合やその他申告の必要な所得が発生した場合，自ら確定申告を行い，所得税を納める必要があります。

これとは反対に，住宅を購入した場合や，年の途中で扶養家族が増えた場合など，自分で確定申告を行うことにより，納めた所得税の一部を返してもらうこともできます。

■ 所得税はどこに納めるか

基本的には，**住所地**である自分の住所のあるところで納めます。事業を行っている人などは，**事業所所在地**を納税地として届けることにより，**事業所所在地**を納税地として納めることもできます。

■ 所得の種類

所得税の計算をする前に，まず**所得金額**を計算します。所得の範囲は広く，**非課税所得**や**免税所得**といわれるもの以外のすべてが課税の対象になります。

税法上，所得は下記のように**10種類に分類**されています。

所得の種類

① 利子所得……預金の利子など，収益の分配によるもの
② 配当所得……株式や出資にかかる配当など
③ 不動産所得…不動産貸付に係る賃料や権利金など
④ 事業所得……個人事業から生ずるもの
⑤ 給与所得……給与や賞与（アルバイト代も含む）
⑥ 退職所得……退職時に企業から支払われる退職金
⑦ 山林所得……５年を超えて所有していた山林や立木の譲渡
⑧ 譲渡所得……土地，建物，ゴルフ会員権などの譲渡
⑨ 一時所得……クイズの賞金など偶発的に生じるもの
⑩ 雑 所 得……上記①～⑨にあげたもの以外（例，年金など）

2　個人事業者の会計と税金

ここでは，所得税を身近なものとして理解していただくために，個人事業者がどのように会計を行い，どのように税金を計算するのかという部分をクローズアップして取り上げます。

■ 個人事業者とは

個人事業者とは，言葉の通り個人で事業を行っている人のことを指します。事業の内容は多岐にわたりますが，**酒屋さん**，**八百屋さん**など商店街で商われている小売業から，**弁護士**，**税理士**などのいわゆる専門職や，**プロスポーツ選手**，**医師**なども，法人化をしていない限り個人事業者に該当し，所得税の申告が必要になります。

■ 決算が必要？

個人事業とは簡単にいうと，**小さな会社のようなもの**です。経理方法に関して若干の差はありますが，会計処理に関しては，大きい会社とあまり変わりありません。

例えば，パソコンやテーブルなど，備品を買えば資産に計上しますし，消耗品や事務用品を買えば，費用として経理処理を行います。従業員がいれば給与も払いますし，決算期末になれば棚卸《たなおろし》も行います。

つまり，**会社と同様に**決算という**会計上の数字を確定**してからでなければ，個人事業であっても所得を決めることができません。

会社と異なる大きな点は，**事業年度**を変更できるかできないかといった点です。つまり，法人の場合，事業年度を４月１日から翌年の３月31日としたり，８月１日から翌年の７月31日といったように，任意に定めることができますが，**個人事業の場合**，１月１日から12月31日までと決まっているため，**事業年度の変更はできません**。

■ 事業所得の具体的計算方法

事業所得は，下記の計算で求めます。

事業所得の計算
総収入金額　－　必要経費　＝　事業所得

■ 総収入金額とは

簡単に言いますと，「**事業により得られた売上**」といえばわかりやすいかもしれません。もちろん，商売の種類により，計上時期や方法が異なりますが，一般的な商品販売などの場合，商品を引き渡した日をもって収入に計上します。

収入の計上

① 商品の販売……………………………商品の引き渡し日
② 請負《うけおい》によるもの
・物の引き渡しをする契約………全部を相手方に引き渡した日
・物の引き渡しをしない契約……役務の提供が完了した日

個人事業者の自家消費

個人事業者の**自家消費**とは，棚卸《たなおろし》資産を家事のために消費したり，知人等へ贈与をした場合，その消費した時におけるこれらの資産の価額に相当する金額は，その者のその消費した日の属する年分の事業所得の金額の計算上，総収入金額に算入しなければならない（所法39，40条）と規定されています。

これは，自分や従業員が棚卸資産（店の売り物）を食べたり飲んだり，知人にあげたりした場合，その分は金銭の授受の有無にかかわらず売上に計上しなければならないということです。

自家消費に係る売上金額の計上に関しては，当該棚卸資産の取得価額以上の金額をもってその備え付ける帳簿に所定の記載を行い，これを事業所得の金額の計算上総収入金額に算入しているとき，もしくは，販売価格に比し著しく低額（おおむね70％未満）でない限り，これを認める（所基通39－2）と規定されています。

つまり，販売価格の70％相当額かまたは仕入価格のどちらか高い金額を帳簿に記載し，売上に計上しておく必要があるということです。

■ 必要経費とは

必要経費とは，事業に関連した支出を経費として処理することで，**総収入金額から差し引くことのできるもの**で，つぎのようなものをいいます。

必要経費の種類

① 売上原価……仕入れた商品や製造に伴う原価など
② 給与手当……社員やアルバイトなどの賃金
③ 旅費交通費……電車，バス，タクシー等の利用料金
④ 接待交際費……取引先との会食や，贈答品にかかったもの
⑤ 水道光熱費……電気，ガス，水道代など
⑥ 通信費……切手，はがき，電話代など
⑦ 地代家賃……事務所や駐車場などの賃料
⑧ 福利厚生費……従業員のお茶代や打ち上げなどの費用
⑨ 消耗品費……トイレットペーパーやティッシュなどの費用
⑩ 賃借料……賃貸契約に基づくもので，地代家賃以外のもの
⑪ 損害保険料……主に損害保険などで事業に関するもの
⑫ 貸倒損失……売掛金の中で回収不能になったもの

費用按分《あんぶん》

個人（事業者）として使った分とプライベート（事業に関係のない，私的な利用）で使う部分を**合理的に按分し費用に計上**する方法です。例えば，所有している車があり，事業としても使うし，プライベートでも使うといったケースがあります。この場合，使用割合を個人事業主が考え，費用として計上するのです。

例えば，土・日はプライベートで使うから７分の５が経費になるという具合に，100％経費に計上するのではなく，具体的な根拠をもとに費用を按分し，経費として処理を行います。

■ 家族に出した給与は経費（損金）にならない？

通常，従業員に対し給与を払った場合，その支払金額を事業の経費とすることができます。**青色申告**の承認を受けている**個人事業主と生計を一《ひとつ》にする親族**（15歳未満を除く）に対し給与を支払う場合，「青色事業専従者給与に関する届出書」を事前に税務署に提出していない場合，給与の支払金額に関し，経費として原則認められません。

こうした，**青色申告**を行う個人事業主の家族従業員は，**青色事業専従者**といいます。青色事業専従者は，その事業主の仕事にその**年を通じて従事できる期間の２分の１を超える期間専《もっぱ》ら従事する親族**を指します。

青色事業専従者に対する給与は，いくらでもよい訳ではありません。「青色事業専従者給与に関する届出書」に記載された，青色事業専従者の仕事の内容や，従事の程度，資格といった個別状況を基準に，一般的に相当と認められる金額の範囲内で決められます。

そのため，青色事業専従者の給与に関し，届出書に金額が記載されていれば認められるのではなく，後日税務調査等の際に，専従者給与の一部が否認されることがあります。

青色《あおいろ》申告と白色《しろいろ》申告

個人で事業を営んでいる人は，所得の申告をする場合，**青色申告**と**白色申告**の２つの方法から選択することができます。「青色」とか「白色」というのは，申告書の色を指しています（現在では，申告書様式の変更により，**青色申告**である場合，該当する部分に○印を付けるようになっています）。

青色申告を選択しますと，仕訳帳，元帳などの書類を備えて，複式簿記によって記帳するなどの義務がありますが，所得の計算や申告，納税の手続きなどの面でさまざまな特典（下記）が与えられています。

■ 青色申告特別控除とは

青色申告の承認を受けた事業者は，確定申告の際に最高で**65万円**または**10万円**の**青色申告特別控除**を受けることができます。

青色申告特別控除

① 65万円の青色申告特別控除
- 不動産所得または事業所得を生ずべき事業を営んでいること
- 取引を複式簿記により記帳を行っていること
- 確定申告において，貸借対照表と損益計算書を添付していること
- 期限内に確定申告を行っていること

② 10万円の青色申告特別控除
- 上記65万円の青色申告特別控除の適用を受けない青色申告者

こうした青色申告特別控除を行った後の金額が，事業から得られた所得として確定申告書に記載されます。

■ 所得控除とは

上記の青色申告特別控除を行った後の金額と，他の所得から得られた金額を合算して，所得控除前の所得金額の合計を算出します。そこから，以下のような，各種所得控除を行い，課税所得金額を算出します。

所得控除の種類

① 雑損控除………………災害等により生活用資産に被害を受けた場合
② 医療費控除……………一定金額以上医療費を支払った場合
③ 社会保険料控除………年金や健康保険などの社会保険料を支払った場合
④ 小規模企業共済等掛金控除……小規模企業共済に掛け金を支払った場合
⑤ 生命保険料控除………一定の生命保険や個人年金を支払った場合
⑥ 地震保険料控除………地震保険料（長期損害保険を含む）を支払った場合
⑦ 寄附金控除……………国，地方公共団体，公益法人や政治活動に関する寄附金を支払った場合
⑧ 障害者控除……………本人や家族が認定を受けた障害者の場合
⑨ 寡婦(夫)控除…………配偶者と死別や離婚をした人で，一定の条件に当てはまる場合
⑩ 勤労学生控除…………本人が学生で所得金額が一定金額以下の場合
⑪ 配偶者控除……………配偶者の所得が38万円以下の場合
⑫ 配偶者特別控除………配偶者の所得が38万円超，76万円未満の場合
⑬ 扶養控除………………所得金額38万円以下の生計を一にする扶養親族がいる場合
⑭ 基礎控除………………条件を問わず38万円控除

■ 所得税の計算方法

上記の所得金額の合計から所得控除を行った後に，課税所得金額を算出します。その上で，課税所得金額に対し税率をあてはめて所得税の金額を計算します。

所得税の計算方法

所得金額の合計 － 所得控除 ＝ 課税所得金額
課税所得金額 × 所得税率 － 税額控除額 ＝ 所得税

所得税の税率表

課税される所得金額	税率	控　除　額
1,000円から　1,949,000円まで	5％	0円
1,950,000円から　3,299,000円まで	10%	97,500円
3,300,000円から　6,949,000円まで	20%	427,500円
6,950,000円から　8,999,000円まで	23%	636,000円
9,000,000円から　17,999,000円まで	33%	1,536,000円
18,000,000円以上	40%	2,796,000円

■ 税額控除とは

課税所得金額に税率を掛け，控除額を差し引いた金額から，住宅借入金等特別控除など，以下の**税額を控除**することができます。

税額控除の種類

① 配当控除
② 外国税額控除
③ 住宅借入金等特別控除
④ 特定増改築等住宅借入金等特別控除
⑤ 政治活動に関する寄附をした場合の所得税額の特別控除
⑥ 既存住宅の耐震改修をした場合の所得税額の特別控除
⑦ 電子証明書を有する個人の電子情報処理組織による申告に係る所得税額の特別控除（平成19，20年分の所得税のいずれかの年分について適用）

以下は青色申告者について適用される。
⑧ 試験研究を行った場合の所得税額の特別控除
⑨ 中小企業者が機械等を取得した場合の所得税額の特別控除
⑩ エネルギー需給構造改革推進設備を取得した場合の所得税額の特別控除
⑪ 事業基盤強化設備を取得した場合の所得税額の特別控除
⑫ 沖縄の特定中小企業者が経営革新設備等を取得した場合の所得税額の特別控除
⑬ 情報基盤強化設備等を取得した場合の所得税額の特別控除
⑭ 教育訓練費の額が増加した場合の所得税額の特別控除

税額控除は所得控除と違い，**税額を計算した後の金額から控除**を行います。そのため，個々人の所得金額による税率等の影響を受けにくく，政策的な観点から実施されることが多くみられます。

次頁に，「**所得税の確定申告書**」を参考として入れました。この申告書Bは，所得の種類を問わず利用できます。他に，給与所得や，雑所得，配当所得，一時所得だけを申告する人が利用できる「所得税の確定申告書A」もあります。

所得税の確定申告書B

＿＿＿＿＿税務署長
＿＿年＿＿月＿＿日

平成□年分の所得税の　　申告書B

F A 0 0 2 4

第一表（平成二十年分以降用）

住所（又は事業所 事務所 居所など）	〒	フリガナ	
		氏名	
		性別 男 女	職業 / 屋号・雅号 / 世帯主の氏名 / 世帯主との続柄
平成　年 1月1日 の住所		生年月日	電話番号 自宅・勤務先・携帯　－　－

（単位は円）　種類　特農の表示　番号　翌年以降送付不要

区分	項目		番号	金額
収入金額等	事業	営業等	㋐	
	事業	農業	㋑	
	不動産		㋒	
	利子		㋓	
	配当		㋔	
	給与		㋕	
	雑	公的年金等	㋖	
	雑	その他	㋗	
	総合譲渡	短期	㋘	
	総合譲渡	長期	㋙	
	一時		㋚	
所得金額	事業	営業等	①	
	事業	農業	②	
	不動産		③	
	利子		④	
	配当		⑤	
	給与		⑥	
	雑		⑦	
	総合譲渡・一時 ㋘+{(㋙+㋚)×½}		⑧	
	合計		⑨	
所得から差し引かれる金額	雑損控除		⑩	
	医療費控除		⑪	
	社会保険料控除		⑫	
	小規模企業共済等掛金控除		⑬	
	生命保険料控除		⑭	
	地震保険料控除		⑮	
	寄附金控除		⑯	
	寡婦、寡夫控除		⑱	0000
	勤労学生、障害者控除		⑲～⑳	0000
	配偶者控除		㉑	0000
	配偶者特別控除		㉒	0000
	扶養控除		㉓	0000
	基礎控除		㉔	0000
	合計		㉕	

区分	項目		番号	金額
税金の計算	課税される所得金額（⑨－㉕）又は第三表		㉖	000
	上の㉖に対する税額 又は第三表の㊽		㉗	
	配当控除		㉘	
		区分	㉙	
	（特定増改築等）住宅借入金等特別控除		㉚	
	政党等寄附金特別控除		㉛	
	住宅耐震改修特別控除		㉜	
	電子証明書等特別控除		㉝	
	差引所得税額（㉗－㉘－㉙－㉚－㉛－㉜－㉝）		㉞	
	災害減免額、外国税額控除		㉟～㊱	
	源泉徴収税額		㊲	
	申告納税額（㉞－㉟－㊱－㊲）		㊳	
	予定納税額（第1期分・第2期分）		㊴	
	第3期分の税額（㊳－㊴）	納める税金	㊵	00
		還付される税金	㊶	
その他	配偶者の合計所得金額		㊷	
	専従者給与（控除）額の合計額		㊸	
	青色申告特別控除額		㊹	
	雑所得・一時所得の源泉徴収税額の合計額		㊺	
	未納付の源泉徴収税額		㊻	
	本年分で差し引く繰越損失額		㊼	
	平均課税対象金額		㊽	
	変動・臨時所得金額	区分	㊾	
延納の届出	申告期限までに納付する金額		㊿	00
	延納届出額		51	000
この申告書が修正申告書である場合	申告納税額の増加額		52	
	第3期分の税額の増加額		53	00

還付される税金の受取場所			
	銀行 金庫・組合 農協・漁協		本店・支店 出張所 本所・支所
郵便局名等		預金種類	普通 当座 納税準備 貯蓄
口座番号 記号番号			

整理欄		
区分	A B C D E F G H I J K	
異動		
管理		番号

3 法人税——法人の会計と税金

1 納税義務者

■ 納税者となる法人

会社などの法人は利益の獲得を目的としていろいろな経済活動を行います。この経済活動とは，商品を自ら製造し，あるいは，他から購入してこれを販売し，また，各種のサービスを提供するという収益獲得活動を事業として継続して行うことをいいます。

法人の事業活動の結果は，事業年度ごとの経営成績を示す**損益計算書**に収益と費用，その差額である**利益**として明示されます。

国等は，事業活動を行う法人に対して，法人が獲得した利益について**法人税**を課します。この法人税を納める義務のある者を**納税義務者**といいます。

この納税義務者となる法人の本店が，日本国内にあるかどうかによって，法人を**内国法人**と**外国法人**に区分しています。

内国法人（日本国内に本店を有する法人）は，法人税を納める義務があります。これに対して，**外国法人**（内国法人以外の法人）は，**国内を源泉とする所得を有するとき法人税を納める義務**があります。

すなわち，内国法人と外国法人とでは所得に対する納税義務の範囲が異なり，**内国法人は全世界所得**に，**外国法人は日本における源泉所得**について，それぞれ法人税が課せられることになります。

■ 課税所得

納税義務のある内国法人に対して課せられる法人税は，通常の事業年度における営業取引から得た利益についての**各事業年度の所得に対する法人税**と，会社解散後における不動産等の処分から生じた利益についての**清算所得に対する法人税**とがあります。

外国法人に対しては，各事業年度の所得のうち国内源泉所得に係る所得について，各事業年度の所得に対する法人税が課せられます。

法人の設立形態ごとの各事業年度の所得および清算所得に対する法人税の納税義務の範囲をまとめると次のようになります。

<table>
<tr><th colspan="2">区　分</th><th>各事業年度の所得</th><th>清　算　所　得</th></tr>
<tr><td rowspan="5">内国法人</td><td>公共法人</td><td>納税義務がない</td><td>納税義務がない</td></tr>
<tr><td>公益法人等</td><td rowspan="2">収益事業についての所得にのみ法人税が課される</td><td rowspan="2">法人税が課されない</td></tr>
<tr><td>人格のない社団等</td></tr>
<tr><td>協同組合等</td><td rowspan="2">全ての事業所得について法人税が課される</td><td rowspan="2">清算所得について法人税が課される</td></tr>
<tr><td>普通法人</td></tr>
<tr><td rowspan="4">外国法人</td><td>公共法人</td><td>納税義務がない</td><td>納税義務がない</td></tr>
<tr><td>公益法人等</td><td rowspan="2">日本国内の収益事業の国内源泉所得にのみ法人税が課される</td><td rowspan="3">法人税が課されない</td></tr>
<tr><td>人格のない社団等</td></tr>
<tr><td>普通法人</td><td>日本国内の全ての事業の国内源泉所得について法人税が課される</td></tr>
</table>

■ 実質所得者課税の原則

租税は**経済的利益を得た者の担税力**に着目して，利益を得た者に対して課すものです。ですから，資産や事業から生ずる収益について，それが法律上帰属するとみられる者が単なる名義人で，その収益を実際に享受することなく，その者以外の法人がその収益を享受する場合には，その収益を実質的に享受する法人に法人税が課せられるとしています。これを**実質所得者課税の原則**といいます。

2 事業年度

事業年度とは，法人の損益および財産の計算単位となる会計期間で，納付すべき**法人税額を計算するための期間**をいいます。

法令，定款，寄附行為，規則，規約その他これらに準ずるもので事業年度が定められている場合は，その定められている期間が事業年度となります。ただし，これらの期間が１年を超える場合は，その開始の日以後１年ごとに区分した各期間（最後に１年未満の期間を生じたときは，その期間）が事業年度となります。

3 納税地

納税地とは，読んで字の如くの「税金を納める場所」という意味だけではなく，納税者と国等の税金に関する権利義務関係を定める基準となる場所をいうとされています。

すなわち，**納税地とは，法人が申告・申請・届出・納税等の税務手続きをするときの基準になる場所**をいい，これはまた，国等が更正，決定，却下等の行政処分をする場合の**所轄の税務署を定める基準**となる場所でもあります。

新たに法人を設立した場合には，その設立の日以後２か月以内に，また，一定の外国法人に該当することとなった場合には，その該当することとなった日以後２か月以内に，納税地等を記載した**届出書を提出**することになります。

4　課税所得

課税所得金額

法人税法第21条で「**各事業年度の所得に対する法人税の課税標準**は，**各事業年度の所得の金額**とする」としています。

法人税の課税標準とは，法人税額を算出するための基礎となる金額です。法人税額の算出は，

法人税額　＝　課税標準　×　税率

として示すことができます。この各事業年度の課税標準を課税所得といいます。

それでは，各事業年度の課税所得の金額は，どのように計算するのでしょうか。課税所得金額は，

課税所得の金額　＝　益金の額　－　損金の額

の算式となります。つまり，その事業年度の益金の額から損金の額を控除した金額が課税所得金額なのです。

益金の額に算入すべき金額は以下のように示すことができます。

益金の額＝資本等取引以外の収益の額

±（別段の定めがあるもの）

法人税法では，**資本等取引**は所得金額の計算に含めないとしていることから，資産の販売，有償または無償による資産の譲渡および役務の提供，無償による資産の譲受け，その他の取引で資本等取引に該当しない収益の額を**益金の額**としています。

ここで，**資本等取引**とは，法人の資本金等の金額を増減する取引や法人の利益または剰余金の分配をいいます。詳しいことは後述します。

次に，損金の額に算入すべき金額も同様に以下のように示すことができます。

損金の額＝資本等取引以外の売上原価販売費一般管理費および損失等±（別段の定めがあるもの）

益金の額と同様に資本等取引以外の取引で，次のものを損金の額としています。

損金の額

① 収益に対応する売上原価，完成工事原価その他これらに準ずる原価の額

② 販売費，一般管理費その他の費用（償却費以外の費用で当該事業年度終了の日までに債務の確定しないものを除く）の額

③ 営業外費用，特別損失の額

■ 会計処理基準

法人税法では，**企業会計における会計処理基準**を尊重する旨の規定をおいています。法人税法第22条第４項において，「益金の額に算入する収益の額，損金の額に算入する売上原価，販売費及び一般管理費，営業外費用，特別損失の額については，一般に公正妥当と認められる会計処理の基準に従って計算する」ものとされています。

企業会計上の費用である通信費，交通費や水道光熱費は，税務上も当然に損金の額としてそのまま認めています。ただし，交際費や寄附金，減価償却費等は法人税法独自の**別段の定め**をおいて，その損金性に一定の限度を設ける計算構造をとっています。

法人の企業会計による取引が**一般に公正妥当と認められる会計処理基準**に従っていれば，その会計処理を税務上もこれを認めるとして，ことさら法人税法に詳細な規定を置くことはしていません。つまり，法人税法に別段の定めがなければ，企業会計の処理について税務上もこれを認めることを保証しているといえます。

■ 資本等取引の除外

企業会計原則では，**資本取引から生じる資本剰余金と損益取引から生じる利益剰余金**を混同してはならないとしています。これは，企業の財政状態および経営成績を適正に表示するためには，資本取引と損益取引を区別しなければならないからです。

法人税法も同様に，法人の所得の範囲を明確にするために，資本等取引を所得計算に含めない取引としています。つまり，**資本等取引の金額は，これを益金の額または損金の額に含めない**としています。この資本等取引には次の２つのものがあります。

資本等取引
⑴　法人の純資産の額を増加または減少させる取引のうち「資本金等の額」を増加または減少させる取引 ⑵　法人が行う株式配当や中間配当等の「利益または剰余金の分配の取引」

5　税務調整

法人税法では，株主総会で承認または報告された決算書の利益を基礎として課税所得を計算します。これを**確定決算に基づいて課税所得を計算する**といいます。確定決算上の利益と税務上の課税所得は，本来一致しているのが望ましいところですが，課税の公平性を確保するため，あるいはまた，租税政策目的による各種の減税措置等のため，これらの規定を法人税法に別段の定めとして置いています。

この別段の定めによって，企業会計上の損益を調整して税務上の各事業年度の課税所得の金額を算出することを**税務調整**といいます。

この税務調整には，法人の損益計算の中で行われる**決算調整**と，法人税申告書の上で行われる**申告調整**とがあります。

税務調整の流れを決算調整と申告調整に分けて説明したのが以下の図です。

（決算調整）

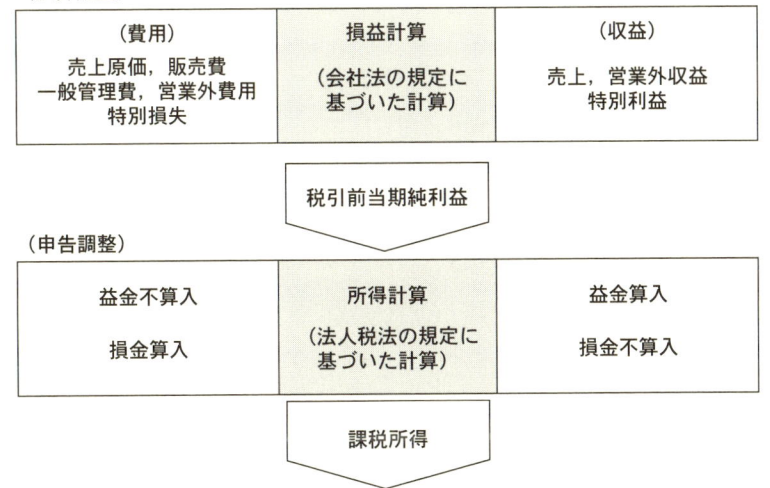

（費用）	損益計算	（収益）
売上原価，販売費 一般管理費，営業外費用 特別損失	（会社法の規定に基づいた計算）	売上，営業外収益 特別利益

↓ 税引前当期純利益

（申告調整）

益金不算入 損金算入	所得計算 （法人税法の規定に基づいた計算）	益金算入 損金不算入

↓ 課税所得

決算調整とは，法人が確定した決算において費用または損失，ならびに積立金および特別勘定経理等の所定の税務会計処理を要することをいいます。このうち特に，費用または損失に計上しなければ，その損金性を認めないとすることを「**損金経理を要件**とする」といいます。この損金経理要件が付されている会計処理には次のようなものがあります。

損金経理要件が付されている会計処理

①　減価償却資産に係る償却費の損金算入
②　繰延資産に係る償却費の損金算入
③　引当金繰入額の損金算入
④　圧縮記帳に係る圧縮損の損金算入
⑤　貸倒損失の損金算入

申告調整は，法人税申告書の上で損益計算書の当期純利益に対して行われる調整で，これは**別表加算減算**といわれるもので，以下のように示すことができます。

	損益計算書の当期純利益
加算項目	（＋）益金算入項目
	（＋）損金不算入項目
減算項目	（－）益金不算入項目
	（－）損金算入項目
	法人税法上の課税所得金額

■ 益金不算入について

益金不算入の項目は，企業会計上は収益の額に計上しても，税務上はこれを益金の額に算入しないとするものです。次のようなものがあります。

会計上の収益のうち益金に算入しない項目

① 内国法人からの受取配当等
② 資産の評価換えの評価益
③ 法人税等の還付金等

■ 益金算入について

益金算入の項目は，企業会計上は収益の額に計上しなくとも，税務上はこれを益金の額に算入されるとするものです。次のような項目があります。

会計上収益として計上しなくても益金算入される項目
①　外国子会社の外国法人税額とみなされる額等
②　無償または低廉《ていれん》譲渡による受贈益
③　税込み方式によった場合の消費税の還付金
④　法人税等の還付加算金

■ 損金不算入について

損金不算入の項目は，企業会計上は原価等の額に計上しているが，税務上はこれを損金の額に計上できないとするものです。次のような項目があります。

会計上費用として計上しても損金に算入できない項目
①　資産の評価換えの評価損
②　一定の限度を超える寄附金
③　交　際　費
④　減価償却限度超過額
⑤　法人税，住民税ならびにこれらの付帯税
⑥　賞与引当金繰入額

■ 損金算入について

損金算入の項目は，企業会計上は原価等の額に計上しなくても，税務上は損金の額に算入されるとするものです。次のような項目があります。

会計上費用として計上しなくても損金に算入できる項目
①　特定資産の買換え圧縮積立金
②　収用等の特別控除額
③　前事業年度に係る事業税
④　青色欠損金

6　売上高の計算

現在の企業会計の実務において，売上高の計上基準は税務上の処理と同じものを採用しています。企業会計の基準が**時価会計**を取り入れて，会計実務を変容させてきていますが，税務処理は元々，時価主義をベースとするものでしたから，各種の会計基準の改正・設定に合わせるように，税務もこれに遅れることなく法改正してきています。

損益計算書に表示されている売上高，営業外収益さらに特別利益の内容を理解しようとするときは，会社が採用している収益計上基準が何なのかをまずもって読み取らなければなりません。

棚卸資産の販売，固定資産の譲渡，請負による収益，有価証券の譲渡等について，以下に業種別に売上高の計上基準を挙げてみます。

■ 一般の事業会社 ―― 商品引渡基準

商品販売は，原則的には**商品の引渡日に売上に計上**します。引渡日は，出荷日，相手方の検収日，相手方が使用収益することができることとなった日等，その棚卸資産の種類，性質，契約内容等に応じて，引渡日として合理的であると認められる日を採用します。例えば，売上の請求を20日締めとしている場合でも，21日から決算月末までの出荷分は売上計上しなければなりません。

■ 不動産開発会社 —— 不動産引渡基準

販売用の土地を譲渡した場合は，原則的にその土地を引き渡した日に譲渡損益を計上します。ただし，相手方がその土地を使用収益した日でもよいとしています。

■ ソフト開発会社 —— 客先検収基準

ソフトの開発を発注した人（客先という）がソフトを検収した日に売り上げを計上します。ここでいう**検収**とは，発注した仕様通りの機能または効果が認められ，客先がこれの引き取りを認めることをいいます。ただし，検収されたにもかかわらず，決算日までに価格交渉が終わらなかった場合でも，ソフトを売上計上しなければなりません。

2009年４月１日以降に開始する事業年度より，ソフトウエアについても**工事進行基準**による収益の認識が認められます。

■ 建設会社 —— 工事進行基準

建設会社における長期工事の売上の認識基準には，受注した工事のすべてが完成した時点で売り上げ計上する**完成工事基準**と，工事施工の進捗に応じて売り上げに計上する**工事進行基準**の２つの方法があり，原則的には，**大規模な工事でその工事期間が長期にわたるもの**については工事進行基準によることになります。

■ 証券会社 —— 売買の約定日基準

株式等の**有価証券の譲渡損益**は譲渡を約定した日に計上します。この場合において，株券等の受け渡しは約定日後に行われることになります。

7　売上原価と棚卸《たなおろし》資産の評価方法

■ 売上原価の計算

法人が保有する棚卸資産については，事業年度末日におけるその棚卸資産の価額を算定しなければなりません。購入または製造した商品，製品，原材料等の棚卸資産が事業年度末日において未だに販売または製造されずに在庫品となっている場合は，これらの棚卸資産を評価することによって売上原価等が計算されます。

物品販売業を例にとって売上原価と棚卸資産の評価の関係を図にしてみると次のようになります。

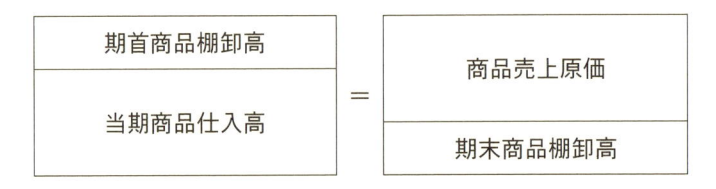

期首商品棚卸高	＝	商品売上原価
当期商品仕入高		期末商品棚卸高

上記の図の売上原価は次のような算式によって計算されます。

（期首商品棚卸高＋当期商品仕入高）
　＝（売上原価＋期末商品棚卸高）
売上原価
　＝（期首商品棚卸高＋当期商品仕入高）－期末商品棚卸高

つまり，期首の商品在庫と当期に仕入れた商品との合計額を一時的に費用として認識し，期末における**実地棚卸**によって在庫商品の数量が確定し，この商品の評価計算をすることによって商品価額が算定され，これを先の費用合計額から控除することによって**売上原価**が計算されることになります。

■ 棚卸資産《たなおろし》

法人税法では，次に掲げる資産を棚卸資産としています。

棚卸資産の種類

① 商品または製品（副産物および作業くずを含む）
② 半製品
③ 仕掛品《しかかりひん》（半成工事を含む）
④ 主要原材料
⑤ 補助原材料
⑥ 消耗品で貯蔵中のもの
⑦ その他上記の資産に準ずるもの

棚卸資産は，上記に掲げる資産で棚卸しをすべきものとして定められています。それぞれの棚卸資産は棚卸しによってその数量，金額を算定することが求められています。

棚卸資産の金額を確定するということは，棚卸資産について評価計算をするということです。この評価計算を行うには，棚卸資産の取得価額が決定されなければなりません。法人税法では，棚卸資産の取得価額は，次に掲げる資産の区分に応じてそれぞれに定める金額としています。

棚卸資産の取得価額

① 購入した棚卸資産は，購入の代価，引取運賃，荷役費，運送保険料，購入手数料，関税，その他その資産の購入のために要した費用の額を加算した金額に，さらに，その資産を消費しまたは販売の用に供するために直接要した費用の額を加えた額

② 製造等（製造，採掘，採取，栽培，養殖）による棚卸資産は，製造等のために要した原材料費，労務費および経費の額に，さらに，その資産を消費しまたは販売の用に供するために直接要した費用の額を加えた額

つまり，棚卸資産の取得価額は，その棚卸資産の取得に通常要する価額に，その資産を消費しまたは販売の用に供するために直接要した費用の額の合計額とすることとしています。

■ 棚卸資産の評価

棚卸資産の評価方法としては，これまで**原価法**と**低価法**のいずれかを選定することができましたが，会計基準が変わり，平成20年４月１日以後に開始する事業年度からは，**新しい解釈の低価法**が強制適用されています。

期末棚卸資産の取得価額を当期の売上原価と次期に繰越す原価に配分する方法として，**個別法**，**先入先出法**，**総平均法**，**移動平均法**，**単純平均法**，**最終仕入原価法**および**売価還元法**が認められています。法人の業種，業態および規模に応じて，これらのうちから最も適切な方法を採用することができます。

なお，従来は，**後入先出法**も採用することができましたが，この方法が国際的な会計基準では認められていないことや利益操作の余地があることなどから，現在は，棚卸資産の原価配分方法として採用することはできません。

低価法とは，期末に残存する棚卸資産について，原価と期末時価とのうちいずれか低い価額をもって評価する方法です。

各原価配分法の内容は次の通りです。

原価配分の方法

① 個　別　法――期末棚卸資産の個々の取得価額をその取得価額とする方法。

② 先入先出法――期末棚卸資産を期末の時から最も近い時において取得をした棚卸資産から順次成るものとみなし，そのみなされた棚卸資産の取得価額をその取得価額とする方法。

③ 総 平 均 法――期首棚卸資産の取得価額の総額と当年度において取得した棚卸資産の取得価額の総額との合計額をこれらの棚卸資産の総数量で除して計算した平均単価を取得単価とする方法。

④ 移動平均法――取得の時において有していた棚卸資産と取得した棚卸資産とが，それらの総平均単価によって改定されたものとみなし，以後棚卸資産を取得する都度同様の方法により取得単価が改定されたものとみなされた，その平均単価を取得単価とする方法。

⑤ 単純平均法――事業年度において取得した棚卸資産に単価の異なるものがある場合に，その異なる単価を合計し，その合計額をその異なる単価の数で除して計算した平均単価を取得単価とする方法。

⑥ 最終仕入原価法――期末棚卸資産を期末の時から最も近い時において取得したものの取得単価を，その取得単価とする方法。

⑦ 売価還元法――期末棚卸資産を期末の時におけるその棚卸資産の販売価額の総額に原価の率を乗じて計算した金額をその取得価額とする方法をいう。

8　有価証券の売買損益と評価損益

■ 売買損益の計算

有価証券を売買した場合の売買損益は，棚卸資産の売買と異なり，売買契約をした日の属する事業年度において，その**有価証券に係る対価の額（売却額）から原価（取得原価）の額を控除した金額**を所得の金額の計算上，益金の額または損金の額に算入するとしています。

■ 有 価 証 券

法人税法では，有価証券の範囲を金融商品取引法に規定する有価証券をいうと定めており，その範囲は次の通りです。

有価証券の範囲
①　国 債 証 券 ②　地方債証券 ③　社　債　券 ④　特別の法律により設立された法人の発行する出資証券 ⑤　株券または新株予約権証券 ⑥　投資信託の受益証券 ⑦　貸付信託の受益証券 ⑧　抵 当 証 券

上記の有価証券は，その種類および銘柄ごとに**売買目的有価証券，満期保有目的等有価証券**または**その他有価証券**のいずれかに区分され，この保有目的にしたがって区分された銘柄ごとに，その取得価額を基礎にした１単位当たりの帳簿価額が計算されることになります。

この有価証券が保有目的ごとに区分されるその内容は，次のように定められています。

有価証券の区分	
売買目的有価証券	短期的な価格の変動を利用して利益を得る目的で取得した有価証券で，その取得の日において売買目的で取得した旨を帳簿書類に記載したもの
満期保有目的等有価証券	次の2つのもののうちいずれかに該当するもの 1　償還期限の定めのある有価証券をその償還期限まで保有する目的で取得し，その取得の日において償還期限まで保有する旨を帳簿書類に記載したもの 2　法人の株主等がその法人の発行済株式等の20パーセント以上に相当する株式等を有する場合におけるその株主等の有するその法人の株式等
その他有価証券	売買目的有価証券および満期保有目的等有価証券以外の有価証券

■ 有価証券の評価方法

有価証券を購入した場合には，まず，その有価証券の保有目的区分を決定します。次に，その購入代価に購入手数料等の購入のために要した費用の額を加算した金額を購入数量で除して計算した額を，**1単位当たりの帳簿価額**として算出します。ここで計算された1単位当たりの帳簿価額が以後の評価計算に引き継がれます。

法人税法上は，有価証券の保有目的区分と評価方法との関係は次のようになります。

<table>
<tr><th colspan="2">保有目的区分</th><th colspan="2">評 価 方 法</th></tr>
<tr><td colspan="2">売買目的有価証券</td><td colspan="2">時 価 法</td></tr>
<tr><td>満期保有目的等有価証券</td><td>満期保有目的債券
企業支配株式</td><td rowspan="2">原価法</td><td rowspan="2">移動平均法または総平均法</td></tr>
<tr><td colspan="2">その他有価証券</td></tr>
</table>

売買目的有価証券に適用される時価法とは，保有する種類および銘柄ごとに区分し，その同じ銘柄について事業年度終了の時における市場価格等の時価評価金額によって評価する方法です。なお，この売買目的有価証券に係る評価益または評価損はその事業年度の所得の金額の計算上，益金の額または損金の額に算入されます。

これに対して，売買目的以外の有価証券に適用される**原価法**とは，事業年度終了の時におけるその帳簿価額によって評価する方法です。ただし，償還期限および償還金額を定めている有価証券については，その帳簿価額と償還金額との差額のうちその事業年度分として配分すべき金額を加算または減算した金額によってその時における評価額としています。

時価法が適用される有価証券の譲渡原価は，前事業年度末において時価によって評価された１単位当たり帳簿価額ですが，原価法が適用される場合における１単位当たり帳簿価額は，次に掲げる方法によって計算されます。

有価証券の帳簿価額（原価法）

移動平均法——種類および銘柄を同じくする有価証券を取得する都度，その有価証券のその取得の直前の帳簿価額とその取得をした有価証券の取得価額合計額をこれらの有価証券の総数で除して平均単価を算出し，その算出した平均単価をもってその1単位当たりの帳簿価額とします。

総平均法——種類および銘柄を同じくする有価証券について，事業年度開始の時において有していたその有価証券の帳簿価額とその事業年度において取得をしたその有価証券の取得価額の総額との合計額をこれらの有価証券の総数で除して平均単価を算出し，その算出した平均単価をもってその1単位当たりの帳簿価額とします。

法人が，原価法が適用される有価証券について評価方法を選定しなかった場合，または選定した評価方法によっていなかった場合は，**法定評価方法**として，**移動平均原価法**により算出した評価額とすることとしています。

9　減価償却費と固定資産の評価

■ 固定資産の範囲

固定資産については，企業会計上の科目分類からは，**有形固定資産**，**無形固定資産**および**投資その他の資産**からなるものとさています。法人税法では，固定資産は棚卸資産，有価証券および繰延資産以外の資産のうち，土地（土地の上に存する権利を含む），減価償却資産，電話加入権およびこれらに準ずるものとされ，減価償却をすべき資産であるかどうかにより分類され，以下に掲げるような有形固定資産，無形固定資産および生物等であるとしています。

有形固定資産	無形固定資産	生物
建物及びその附属設備 構築物 機械及び装置 船舶 航空機 車両及び運搬具 工具，器具及び備品	鉱業権 漁業権 特許権 商標権 ソフトウエア 営業権 専用側線利用権 水道施設利用権	牛，馬，豚，綿羊及びやぎ かんきつ樹，りんご樹，ぶどう樹，いちじく樹，キウイフルーツ樹 茶樹，オリーブ樹，みつまた，アスパラガス，ラミー，ホップ

上記に掲げるような資産であっても，事業の用に供していないもの，例えば**販売目的で保有している建物や機械等**は減価償却資産には該当せず，また，**時の経過によりその価値が減少しないもの**，例えば土地や電話加入権等も同様に減価償却資産に該当しないとしています。

■ 減価償却

事業用資産を使用する場合は，その取得に要した金額は，これを一時の費用として処理することなく，その使用が可能であると見込まれる期間にわたって費用化する方法が採られます。

取得価額を費用化するイメージは次のようになります。

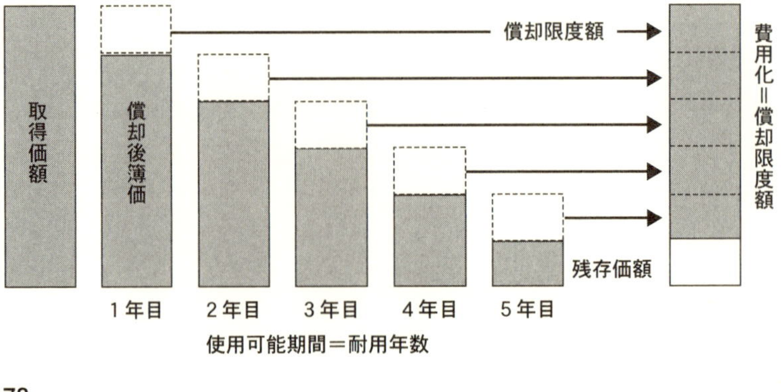

つまり，事業用資産は，使用期間を通して価値が製品や商品に移転すると考え，**減価償却**という手続きによってその取得価額を各期に配分します。企業会計では原則的に，減価償却によって費用化されたものを，製造費用，販売費及び一般管理費等の経費として処理されます。

上記の事業用の減価償却資産の費用化について，法人税法では，その取得価額に応じて次のような会計処理を選択することによって，損金の額に算入することになります。

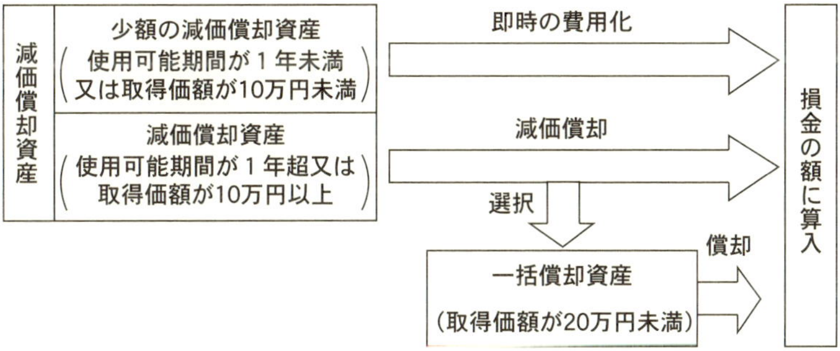

法人の所得金額の計算上，減価償却費として損金の額に算入することができる金額は，その事業年度において償却費として損金経理をした金額のうち，選定した減価償却の方法に基づいて計算した償却限度額に達するまでの金額としています。

選定した減価償却方法によって計算される償却費の額以内の金額を，償却費として損金経理しなければ，これを損金の額に算入することができないとして，「償却限度額以内」と「損金経理」の２つを税務上の要件にしています。

ただし，**少額減価償却資産**については，その資産の取得価額相当額を事業の用に供した日の属する事業年度において損金経理をしたときは，その損金経理をした金額は，所得の金額の計算上，損金の額に算入するとしています。

また，一括して償却する取得価額が20万円未満の資産については，その資産を事業の用に供した場合において，その資産を一括した取得価額の合計額を，その事業年度以後の各事業年度の費用等の額とする方法を選定したときは，その**一括償却資産**について損金経理をした金額のうち，その一括償却資産に係る取得価額の合計額を36で除して，これに事業年度の月数を乗じて計算した金額に達するまでの金額を，所得の金額の計算上損金の額に算入するとしています。

■ 減価償却資産の取得価額

減価償却資産の取得価額は，次に掲げる資産の区分に応じて次に定める金額とするとされています。

減価償却資産の取得価額	
購入した減価償却資産	その資産の購入の代価の額に，その資産を事業の用に供するために直接要した費用の額（引取運賃，荷役費，運送保険料，購入手数料，関税等の購入のために要した費用）を加算した額
自己の建設，製作または製造に係る減価償却資産	その資産の建設等のために要した原材料費，労務費および経費の額に，その資産を事業の用に供するために直接要した費用の額を加算した額
自己が成育させた牛馬等	成育させるために取得をした牛馬等に係る種付費及び出産費の額ならびに成育のために要した飼料費，労務費及び経費の額に，その牛馬等を事業の用に供するために直接要した費用の額を加算した額
自己が成熟させた果樹等	成熟させるために取得をした果樹等に係る種苗費の額並びに成熟のために要した肥料費，労務費および経費の額に，その果樹等を事業の用に供するために直接要した費用の額を加算した額
上記以外の方法により取得をした減価償却資産	その取得の時における取得のために通常要する価額に，その資産を事業の用に供するために直接要した費用の額を加算した額

■ 耐用年数および償却率等

減価償却計算の計算要素である減価償却資産の耐用年数，耐用年数に応じた償却率等，および残存価額については，「**減価償却資産の耐用年数等に関する省令**」でそれらの税務上の取り扱いを定めています。

耐用年数，償却率等および残存価額が法定されていることから，法人が独自にこれらを自主的に決定して減価償却費を算出しても，これはただちに税務上の減価償却費として認められません。

これらの耐用年数，償却率等および残存価額は，平成19年度において改正が行われており，改正後の耐用年数省令では，以下の表で示す通り「一般の減価償却資産」「鉱業権及び坑道」「特殊の減価償却資産」の区分により，それぞれの**減価償却資産の耐用年数**を定めています。

区　分	種　類	省令別表
一般の減価償却資産（省令第１条第１項）	機械及び装置以外の有形減価償却資産	別表第一
	機械及び装置	別表第二
	無形減価償却資産	別表第三
	生物等	別表第四
鉱業権及び坑道（省令第１条第２項）	採掘権	所轄税務署長が認定した年数
	試掘権 石油，可燃性天然ガスの試掘権 上記以外の試掘権	 ８年 ５年
	租鉱権及び採石権等	所轄税務署長が認定した年数
	坑道	所轄税務署長が認定した年数
特殊の減価償却資産（省令第２条）	公害防止用減価償却資産（汚水処理又はばい煙処理施設）	別表第五
	開発研究用減価償却資産	別表第六

耐用年数別表に従って耐用年数を適用する場合に留意しなければならないことは，**減価償却資産の用途に応じて耐用年数が決定**されていますので，同一構造の減価償却資産であっても用途が違えば耐用年数は違ったものになります。また，２以上の用途に使用される減価償却資産は，その主な用途に応じた耐用年数を適用しなければなりません。１つの減

価償却資産に適用する耐用年数は，複数の耐用年数を使うことはできず，必ず１つの耐用年数を適用しなければなりません。

減価償却資産（平成19年４月１日以後に取得されたもの）の**耐用年数に応じた償却率，改定償却率および保証率**は耐用年数省令別表八に示されています。以下の表はその要約を示したものです。

耐用年数	定額法	定率法		
	償却率	償却率	改定償却率	保証率
2	0.500	1.000	−	−
3	0.334	0.833	1.000	0.02789
4	0.250	0.625	1.000	0.05274
5	0.200	0.500	1.000	0.06249
6	0.167	0.417	0.500	0.05776
7	0.143	0.357	0.500	0.05496
8	0.125	0.313	0.334	0.05111
9	0.112	0.278	0.334	0.04731
10	0.100	0.250	0.334	0.04448
11	0.091	0.227	0.250	0.04123
12	0.084	0.208	0.250	0.03870
13	0.077	0.192	0.200	0.03633
14	0.072	0.179	0.200	0.03389
15	0.067	0.167	0.200	0.03217
16	0.063	0.156	0.167	0.03063
17	0.059	0.147	0.167	0.02905
18	0.056	0.139	0.143	0.02757
19	0.053	0.132	0.143	0.02616
20	0.050	0.125	0.143	0.02517
		記載省略		
100	0.010	0.025	0.026	0.00546

残存価額とは，減価償却資産の耐用年数終了時における**予想される売却価額**または**再利用価額**をいいます。設備の利用が終了したときのこの予想売却価額等は，その設備の種類によっては，売却できないような廃棄屑のようなものから，高値で売却できる貴金属のようなものを構成部品とする機器等があり，一律には決めることができません。

このようなことから，平成19年度の改正以前では取得価額の10％相当額を残存価額と定め，取得価額からこの残存価額を控除した金額までについて減価償却できるとし，さらに，残存価額だけになった後は取得価額の５％相当額を追加して減価償却できるとしていました。つまり，減価償却が終了した最終的な帳簿価額は，取得価額の５％相当額とするとしていました。

しかしながら，諸外国における減価償却に関する税制では，耐用年数がわが国より短かかったり，耐用年数が同じであっても取得価額の全額を減価償却できるようになっています。

このようなことから，平成19年度の税制改正において上記の残存価額の考え方が撤廃され，**残存価額を備忘価額である１円とする**こととされ，取得価額のほぼ全額を減価償却することができるようになりました。この改正は新規に取得される減価償却資産についてのみ適用されるものではなく，既に取得済みで現に減価償却が行われているものについても適用されます。

■ 減価償却の方法

減価償却方法については平成19年度の税制改正で大幅に改正されました。それは，平成19年３月31日以前に取得された減価償却資産に適用する減価償却方法が，旧来からの呼称を変更されて**旧定額法**，**旧定率法**および**旧生産高比例法**とされ，平成19年4月1日以後に取得された減価償却資産に適用する減価償却方法が改めて，**定額法**，**定率法**および**生産高比例法**とされました。

現在適用できる減価償却方法は次のように定められています。

減価償却資産の種類	選定できる減価償却方法	
	平成19年3月31日以前取得分	平成19年4月1日以後取得分
建物	平成10年3月31日以前取得分 旧定額法又は旧定率法	定額法
	平成10年4月1日以後取得分 旧定額法	
鉱業用減価償却資産	旧定額法 旧定率法 旧生産高比例法	定額法 生産高比例法
その他有形固定資産	旧定額法 旧定率法	定額法 定率法
無形固定資産	旧定額法	定額法
生物	旧定額法	定額法

上表に掲げるそれぞれの減価償却方法は次の通りです。

旧定額法とは，減価償却資産の取得価額から残存価額を控除した金額に，償却費が毎年同一となるようにその資産の耐用年数に応じた償却率を乗じて計算した金額を各事業年度の償却限度額として償却する方法です。

償却限度額＝（取得価額－残存価額）×旧定額法償却率

旧定率法とは，減価償却資産の取得価額（取得した事業年度後の事業年度では，既に償却費として損金の額に算入された金額がある場合には，償却費の累積額を控除した金額）に，その償却費が毎年一定の割合で逓減するように耐用年数に応じた償却率を乗じて計算した金額を各事業年度の償却限度額として償却する方法をいいます。

償却限度額＝期首帳簿価額×旧定率法償却率

旧生産高比例法とは，鉱業用減価償却資産の帳簿価額からその残存価額を控除し，これを残存採掘予定数量で除して計算した金額にその事業年度の実際の採掘数量を乗じて計算した金額を各事業年度の償却限度額として償却する方法をいいます。

$$\text{償却限度額}＝(\text{取得価額}－\text{残存価額})\times\frac{\text{その事業年度の実際採掘量}}{\text{残存採掘予定数量}}$$

定額法とは，減価償却資産の取得価額に，償却費が毎年同一となるようにその資産の耐用年数に応じた償却率を乗じて計算した金額を各事業年度の償却限度額として償却する方法です。

償却限度額＝取得価額×定額法償却率

定率法とは，減価償却資産の取得価額（取得した事業年度後の事業年度では，既に償却費として損金の額に算入された金額がある場合には，償却費の累積額を控除した金額）に，その償却費が毎年一定の割合で逓減するように耐

用年数に応じた償却率を乗じて計算した金額を各事業年度の償却限度額として償却する方法です。

償却限度額＝期首帳簿価額×定率法償却率

ただし，この償却限度額が償却保証額（＝取得価額×保証率）に満たないこととなる場合には，その満たないこととなる事業年度の期首帳簿価額を改定取得価額とみなして，改定取得価額にその償却費がその後毎年同一となるように改定償却率を乗じて計算した金額を各事業年度の償却限度額として償却する方法です。

償却限度額＝改定取得価額×改定償却率

生産高比例法とは，鉱業用減価償却資産の取得価額をその資産の耐用年数（ただし，その資産の鉱区の採掘予定年数がその耐用年数より短い場合には，その採掘予定年数）の期間内における，その資産の属する鉱区の採掘予定数量で除して計算した一定単位当たりの金額に，その事業年度における実際採掘数量を乗じて計算した金額を各事業年度の償却限度額として償却する方法です。

$$償却限度額＝取得価額×\frac{その事業年度の実際採掘量}{残存採掘予定数量}$$

■ 特別な償却方法

法人税法には，前述した一般的な償却の方法に代えて，特別な償却方法，取替法による償却，特別な償却率による償却が認められています。

一般的な償却方法に代えて，**船舶**について認められている運行距離比例法等の**特別な償却方法**により計算することについて所轄税務署長の承認を受けた場合には，その承認を受けた日の属する事業年度以後の各事業年度の償却限度額の計算については，その承認を受けた償却方法によることができるとされています。

この特別な償却方法の承認を受けようとする内国法人は，資産の種類ごとに，その採用しようとする償却方法の内容，その方法を採用しようとする理由等を記載した申請書を納税地の所轄税務署長に提出しなければなりません。

鉄道事業用の軌条およびまくら木，化学工業用の触媒等のようなもので多量に使用されて，使用に耐えなくなったときにこれらの一部を新たな同種の資産とほぼ同量取り替えられるようなものを**取替資産**といい，これらの資産に適用する償却方法を**取替法**といいます。

この取替法は，その資産についてその取得価額の100分の50に達するまで旧定額法，旧定率法，定額法または定率法のうちいずれかの方法により計算した金額と，使用に耐えなくなった資産と種類および品質を同じくする新たな資産と取り替えた場合に，その新たな資産の取得価額を損金経理した金額との合計額を各事業年度の償却限度額として償却する方法をいいます。

取替法を採用しようとする場合は，適用を受けようとする減価償却資産の種類および名称，その所在する場所その他の事項を記載した申請書を所轄税務署長に提出してその承認を受けなければなりません。

減価償却資産のうち漁網，映画用フィルム，活字に常用されている金属等は，一般的な償却方法の耐用年数の使用期間内で償却するよりも，これらの材料の減耗度合いに応じた償却率によって償却するのが適当であると認められる場合があります。

一般的な償却方法に変えて，これらの資産の取得価額に**特別な償却率**を乗じて計算した金額を各事業年度の償却限度額として償却する方法を選定することができるとしています。

この特別な償却率による償却の方法の認定を受けようとする場合は，その適用を受けようとする減価償却資産の種類および名称，その所在する場所その他の事項を記載した申請書に，その償却率の算定の基礎となるべき事項を記載した書類を添付し，所轄税務署長を経由して所轄国税局長に提出することとされています。

■ 減価償却の方法の選定

減価償却資産の償却については，減価償却資産ごとに償却の方法を選定することができます。

次に掲げる法人の区分に応じて，次に掲げる日の属する事業年度に係る確定申告書の提出期限までに，減価償却資産の資産区分ごとに採用しようとする償却の方法を書面により税務署長に届け出なければならないとされています。

減価償却方法の届け出（確定申告書の提出期限）

① 新たに設立した法人は，設立の日
② 新たに収益事業を開始した公益法人等は，新たに収益事業を開始した日
③ 設立後既にそのよるべき償却の方法を選定している減価償却資産以外の減価償却資産を取得した法人は，その資産を取得した日
④ 新たに事業所を設けた法人がその事業所に属する減価償却資産について，他の事業所と異なる償却の方法を選定しようとするもの，または既に事業所ごとに異なる償却の方法を選定しているものは，新たに事業所を設けた日
⑤ 新たに船舶を取得した法人がその船舶について既に選定している償却の方法と異なる償却の方法を選定しようとするもの，または既に船舶ごとに異なる償却の方法を選定しているものは，新たに船舶の取得をした日

減価償却資産ごとに償却の方法を選定しなかった場合には，次のように**減価償却資産の法定償却方法**が定められています。

減価償却資産の種類	選定できる減価償却方法	
	平成19年３月31日以前取得分	平成19年４月１日以後取得分
建物	平成10年３月31日以前取得分 旧定率法	定額法
	平成10年４月１日以後取得分 旧定額法	
鉱業用減価償却資産	旧生産高比例法	生産高比例法
その他有形固定資産	旧定率法	定率法
無形固定資産	旧定額法	定額法
生物	旧定額法	定額法

減価償却資産の償却の方法を変更しようとするときは，所轄税務署長

の承認を受けることになります。この場合において，新たな償却の方法を採用しようとする事業年度開始の日の前日までに，変更の旨，変更しようとする理由等を記載した申請書を税務署長に提出しなければなりません。

10　営業費用

■ 給与・賞与・退職給与

法人税法では，法人が支給する給与について，これを**給与**（**賞与を含む**）と**退職給与**の２つに分けて，使用人に支給するものと役員に支給するものとについて，それぞれその取り扱いを異にしています。

使用人に支給する給与は，原則として**損金に算入**されますが，**法人の役員と特殊な関係のある使用人に対して支給する給与**の額のうち不相当に高額な部分の金額は損金の額に算入されません。

これに対して，**役員給与**（使用人兼務役員の使用人分給与を除く）のうち次のものは**損金不算入**の扱いとなっています。

損金不算入の役員給与
①　月次の給与の支給時期が同じであり，給与月額が同額である給与（**定期同額給与**）
②　所定の時期に確定額を支給する旨の定めに基づいて支給する給与でその定めの内容を税務署長に事前に届出をしているもの（**事前確定届出給与**）
③　上場会社等の業務執行役員に対して支給する利益に連動して支給する給与（**利益連動給与**）

なお，役員給与のうち不相当に高額な部分の金額（職務の内容等からして相当であると認められない額または，定款の規定または株主総会の決議による金額を超える額のいずれか多い金額）は，損金の額に算入されません。

役員のうち使用人としての職務を有する使用人兼務役員に対する給与は，役員給与とは異なる扱いとなり，使用人部分として相当と認められる給与の損金算入が認められています。

法人税法では，使用人または役員に支給する退職給与については，原則としてともに損金に算入されますが，不相当に高額な部分の金額は損金の額に算入されません。

具体的にいいますと，その支給した退職給与の額が，業務に従事した期間，その退職の事情，同種の事業を営む法人でその事業規模が類似するものの退職給与の支給の状況等に照らして相当であると認められる金額を超える部分の金額については損金に算入されません。

■寄　附　金

寄附金は，法人の事業活動と直接的な関連性が認められないため，法人税の課税所得計算では，無制限にその支出の全額について損金算入を認めることなく，その支出先等に対応した一定の損金算入限度額を定めています。

寄附金とは，寄附金，きょ出金，見舞金その他いずれの名義をもってするかを問わず，金銭，物品その他経済的利益の贈与または無償の供与の額をいいます。

これらの名義の支出であっても，事業の遂行に関連する交際費等，広告宣伝費，福利厚生費などは寄附金から除かれますが，社会事業団体，政治団体に対するきょ出金および神社の祭礼等の寄贈金のような，事業に直接関係のない者に対する金銭贈与は原則として寄附金になります。

寄附金の額は，贈与または無償の供与をした場合における金銭の額，物品の時価，実質的な経済的利益として認められる額によるものとしています。

寄附金は，実際に支出または贈与した事業年度の損金に算入されることから，期末に未払金に計上しても，その計上した事業年度の損金には算入されず，これとは反対に，支出して仮払金に計上した場合には，その計上した事業年度の寄附金として扱われます。

■交　際　費

交際費は，企業会計では他の費用と同様に処理されますが，法人税の課税所得計算では**原則的にその支出の全額について課税**され，中小企業に対して**一定額を限度としてその損金算入が認められる扱い**となっています。

法人税法上で交際費の損金算入に制限を設けているのは，交際費が得意先等に対する交際，接待，供応，贈答のためであるとして，政策的にその支出の冗費性が批判されてきたことによります。

交際費等とは，交際費，接待費，機密費その他の費用で，その支出の名称の如何を問わず，**法人の得意先，仕入先その他事業に関係のある者等に対して行う接待，供応，慰安，贈答その他これらに類する行為のために支出する費用**であるとしています。

ただし，業務上通常必要と認められる支出で，金額的に少額な費用は交際費等から除かれます。例として次のようなものがあります。

交際費から除かれる少額の費用

① 専ら従業員の慰安のために行われる運動会，演芸会，旅行等のために通常要する費用
② 飲食等のために要する費用（ただし役員または従業員対して支出するものを除く）であって，その支出する金額を飲食等に参加した者の数で割って計算した金額が5,000円以下である費用
③ カレンダー，手帳，扇子，うちわ，手ぬぐいその他のこれらに類する物品を贈与するために通常要する費用
④ 会議に関連して，茶菓，弁当その他これらに類する飲食物を供与するために通常要する費用
⑤ 新聞，雑誌等の出版物または放送番組を編集するために行われる座談会その他記事の収集のために，または放送のための取材に通常要する費用

また，その支出の内容からみて他の科目として処理することが相当なもので次に掲げる費用は交際費から除かれます。

交際費から除外して他の科目として処理する費用

① 社会事業団体や政治団体に対する拠出金，神社の祭礼等の寄贈金は寄附金とされます。
② 売上高または売掛金の回収高に比例して支出する金銭は売上割戻しとされます。
③ 得意先の営業地域の特殊事情，協力度合い等を勘案して支出する金銭は販売促進費とされます。
④ 一般消費者に対し抽選により，金品を交付するために要する費用または旅行，観劇等に招待するために要する費用は広告宣伝費とされます。
⑤ 商品の購入をした一般消費者に対し景品を交付するために要する費用は広告宣伝費とされます。
⑥ 創立記念日，新社屋落成式等に際し従業員におおむね一律に供される通常の飲食に要する費用は福利厚生費とされます。
⑦ 従業員，その親族等の慶弔，禍福に際し一定の基準に従って支給される金品に要する費用は福利厚生費とされます。

支出した交際費等は原則としてその全額が損金不算入とされていますが，期末の資本金が1億円以下の法人については，一定額（年600万円）の損金算入が認められています（平成21年4月1日以降に終了する事業年度）。

損金不算入額の計算は以下のように行います。

期末資本金額	支出した交際費等の損金不算入額
1億円以下の法人	支出交際費等が600万円以下 （支出交際費額×10%）
	支出交際費等が600万円超 （支出交際費額－600万円）＋（600万円×10%）
1億円超の法人	支出交際費等の全額

■ 租税公課

租税公課は原則として損金算入が認められていますが，次に掲げる法人が納付した租税公課は法人税法上で損金算入が認められません。

損金算入できない租税公課
①　法人税，都道府県民税および市町村民税の本税 ②　各種加算税および各種加算金，延滞税および延滞金（地方税の納期限の延長に係る延滞金は除きます）ならびに過怠税 ③　罰金および科料（外国または外国の地方公共団体が課する罰金または科料に相当するものを含む）ならびに過料 ④　法人税額から控除する所得税および外国法人税 （ここで科料とは，軽微な犯罪に科す罰金などの刑法上の刑で，過料とは，軽い禁令を犯した者が支払う金銭。刑法上の刑罰ではない）

消費税については，その会計処理によって法人税法上の扱いが異なります。**税込方式**では，損益は税込で計算されて，事業年度の申告における未納の消費税を期末の未払金計上し，これが損金の額に算入されます。しかしながら，**税抜方式**では，税抜きされた売上預りまたは仕入支払の消費税を相殺して，その差額を申告納付することになるので，原則的には損益に影響を与えません。

■ 貸倒損失

法人が有する売掛金，貸付金その他これらに準ずる金銭債権について，回収することができなくなった額を**貸倒損失**といいます。この貸倒れによる損失の額は法人税法上損金の額に算入することができます。

金銭債権の貸倒れ

(1)　会社更生法もしくは金融機関等の更生手続の特例等に関する法律の規定による更生計画認可の決定または民事再生法の規定による再生計画認可の決定があった場合において，これらの決定により切り捨てられることとなった部分の金額

(2)　会社法の規定による特別清算に係る協定の認可の決定があった場合において，この決定により切り捨てられることとなった部分の金額

(3)　法令の規定による整理手続によらない関係者の協議決定で次に掲げるものにより切り捨てられることとなった部分の金額

イ　債権者集会の協議決定で合理的な基準により債務者の負債整理を定めているもの

ロ　行政機関または金融機関その他の第三者のあっせんによる当事者間の協議により締結された契約でその内容がイに準ずるもの

(4)　債務者の債務超過の状態が相当期間継続し，その金銭債権の弁済を受けることができないと認められる場合において，その債務者に対し書面により明らかにされた債務免除額

■ 回収不能の金銭債権の貸倒れ（基本通達９－６－２）

法人の有する金銭債権につき，その債務者の資産状況，支払能力等からみてその全額が回収できないことが明らかになった場合には，その明らかになった事業年度において貸倒れとして損金経理をすることができます。

この場合において，当該金銭債権について担保物があるときは，その担保物を処分した後でなければ貸倒れとして損金経理をすることはできないものとします。

11　営業外損益

■受取配当金

受取配当金は，企業会計上では**営業外収益**に計上されますが，法人税法上は，連結法人株式等および関係法人株式等に係る配当等の額の全額が，それ以外の一般株式等に係る配当等の額の100分の50に相当する金額が益金の額に算入されません。

これは，法人は自然人を擬制したものであるとする**法人擬制説**の考えのもとで，法人所得は個人の集合体である法人を通して，終局個人に帰属することとなる所得であり，**法人税は個人所得税の前取り**であるとする調整措置です。

したがって，わが国の所得税法では，配当金について法人と個人間の二重課税を調整するために配当控除制度が設けられており，また，法人税法では，課税済み所得から配当金を受けた法人においては，これを益金の額に算入しないとする制度が設けられております。

■受　贈　益

法人が受ける金銭または金銭以外の資産の受贈益あるいは経済的利益となるもので，資本等取引以外の取引に係るものについては，贈与時における価額をもって益金の額に算入されます。

しかしながら，次に掲げるような広告宣伝用の資産を取得した場合には，その資産の取得価額の３分の２に相当する金額からその取得のために支出した金額を控除した金額を経済的な利益の金額として益金の額に算入されます。ただし，取得した資産の金額が30万円以下であるときは，経済的利益の額はなかったものとされます。

広告宣伝用の資産の例示

① 自動車等で車体の大部分に一定の色彩を塗装して製品名または社名を表示し，その広告宣伝を目的としていることが明らかなもの
② 陳列棚，陳列ケース，冷蔵庫または容器で製品名または社名の広告宣伝を目的としていることが明らかなもの
③ 展示用モデルハウスのように製品の見本であることが明らかなもの

■ 資産の評価損益

法人が保有する資産について，評価換えをしてその帳簿価額を増額（評価益を計上）または減額（評価損を計上）しても，法人税法上その評価益または評価損は益金の額または損金の額に算入されません。

したがって，そのような資産については，その評価換えをした事業年度以後の各事業年度における資産の譲渡原価または減価償却費は，その増額または減額がなかったものとみなされることから，その資産の評価換前の帳簿価額により計算されることになります。

しかしながら，次に掲げる場合に行われる評価換えによる評価損益については益金の額または損金の額に算入されます。

評価換えによる評価損益（他の法律によるもの）

① 会社更生法等の規定による更生計画認可の決定があったことによりこれらの法律の規定に従って行われる資産の評価換え
② 民事再生法による再生計画認可の決定があったことにより特定の事実が生じた場合において行われる資産価額の評定による評価換え

また，上記のように他の法律の規定によって行われる評価換えによる評価損益以外の，以下に掲げる資産（預金，貯金，貸付金，売掛金その他の債権を除く）について，特定の事実が生じた場合にその資産の価額がその帳簿価額を下回ることとなった場合に行われる評価換えによる評価損益については益金の額または損金の額に算入されます。

評価換えによる評価損益（法人税法によるもの）

① 棚卸資産
　イ　災害により著しく損傷したこと
　ロ　著しく陳腐化したこと
　ハ　上記に準ずる特別の事実が生じたこと
② 売買目的有価証券
　期末の評価額を時価法によって評価換えしたとき
③ 売買目的以外の有価証券
　イ　上場有価証券の価額が著しく低下したこと
　ロ　上記以外の有価証券についてその法人の資産状態が著しく悪化したため，その価額が著しく低下したこと
　ハ　上記に準ずる特別の事実が生じたこと
④ 固定資産
　イ　災害により著しく損傷したこと
　ロ　1年以上にわたり遊休状態にあること
　ハ　その本来の用途に使用することができないため他の用途に使用されたこと
　ニ　その所在する場所の状況が著しく変化したこと
　ホ　上記に準ずる特別の事実が生じたこと
⑤ 繰延資産
　繰延資産のうち他の者の有する固定資産を利用するために支出されたものについて，その固定資産につき災害により著しく損傷したこと，1年以上にわたり遊休状態にあること，その本来の用途に使用することができないため他の用途に使用されたこと，その所在する場所の状況が著しく変化したことおよびこれらに準ずる事実が生じたこと

12　欠損金の繰越しと繰戻し

法人税法における**欠損金**とは，年度の課税所得の計算にあたり損金の額が益金の額を超える場合におけるその超える部分の金額（マイナス差額）をいいます。

法人税の所得計算は単年度ごとに行われます。法人は安定的に利益を計上できるわけではなく，損失を計上することもあります。

そこで，税負担の不均衡を避ける観点から，課税所得を計上した年度において**前年度に生じた繰越欠損金と利益を相殺《そうさい》**する，あるいはまた，欠損金を計上した年度において**前年度の課税所得と欠損金を相殺**することによって，損益を通算することが求められます。これを前者が**欠損金の繰越し控除**，後者が**欠損金の繰戻し還付**といいます。この欠損金の控除制度には次の４つがあります。

欠損金の控除制度
①　青色申告書を提出した事業年度の欠損金の繰越し
②　青色申告書を提出しなかった事業年度の災害損失金の繰越し
③　会社更生等による債務免除等があった場合の欠損金の損金算入
④　欠損金の繰戻しによる還付

欠損金の繰戻しによる還付については，法人の設立後５年間に生じた中小企業者の欠損金額を除いて，平成４年４月１日から平成22年３月31日までの間に終了する各事業年度において生じた欠損金額についてはその適用が停止されています。

なお，平成21年度の税制改正により，中小法人等の平成21年２月１日以降に終了する各事業年度において生じた欠損金については，欠損金の繰戻還付制度の適用ができることとなりました。

■ 青色申告書を提出した事業年度の欠損金の繰越し

各事業年度開始の日前７年以内に開始した事業年度において生じた欠損金額がある場合には，その欠損金額に相当する金額は事業年度の所得の金額の計算上損金の額に算入されます。

ただし，この欠損金の繰越控除は，欠損金の生じた事業年度において青色申告書を提出し，その後に欠損金の繰越控除を適用しようとする事業年度まで連続して確定青色申告書を提出している場合にのみ認められることになっています。

■ 青色申告書を提出しなかった事業年度の災害損失金の繰越し

各事業年度開始の日前７年以内に開始した事業年度において生じた欠損金額のうち，棚卸資産，固定資産または繰延資産について震災，風水害，火災等により生じた損失に係るものがあるときは，その災害損失欠損金額に相当する金額は，事業年度の所得の金額の計算上損金の額に算入されます。

白色申告書を提出する法人であっても，災害損失欠損金額が生じた事業年度においてその損失額の計算に関する明細を記載した確定申告書を提出し，かつ，その後において連続して確定申告書を提出している場合に限り適用されます。

■ 会社更生等による債務免除等があった場合の欠損金の損金算入

会社更生法等の規定による更生手続開始の決定があった場合において，債権者からの債務免除，役員等からの私財提供および会社更生法等の規定に従って行う資産の評価換えが行われた場合には，その行われた日の属する事業年度前の各事業年度において生じた欠損金額で，債務免除益，私財提供益および評価益に達するまでの金額は損金の額に算入されます。

民事再生法の規定による再生手続開始の決定があった場合において行われる債務免除益，私財提供益および民事再生法の規定に従って行う資産の評価換えによる評価益についても同様に取り扱われます。

これらについては，確定申告書に欠損金額に相当する金額の損金算入に関する明細の記載があり，かつ，財務省令で定める書類の添付《てんぷ》がある場合に限り適用されます。

■ 欠損金の繰戻しによる還付

欠損金を繰越して控除するか，繰戻して還付を受けるかは原則として法人の選択です。欠損金の繰戻しは税額が還付されるので，資金繰りを楽にさせる効果があること，また，欠損金の繰越し控除は繰越期間の期限後の失効があることにより，繰戻還付を選択することが通常は有利です。

欠損金の繰戻還付は，青色申告書を提出する事業年度において生じた欠損金額について，税務署長に対してその欠損金額に係る事業年度開始の日前１年以内に開始した事業年度の所得に対する法人税の額に，その事業年度の所得金額のうちに占める欠損事業年度の欠損金額に相当する金額の割合を乗じて計算した金額に相当する法人税の還付を請求することです。

この繰戻還付を受けるには，還付所得事業年度から欠損事業年度の前事業年度までの各事業年度について連続して青色申告書である確定申告書を提出している場合であって，欠損事業年度の青色申告書である確定申告書をその提出期限までに提出した場合に限り適用されます。

また，還付の請求をしようとする法人は，申告書の提出期限までにその還付を受けようとする法人税の額，その計算の基礎その他財務省令で定める事項を記載した還付請求書を納税地の所轄税務署長に提出しなければなりません。

この還付請求書の提出を受けて，税務署長は，その請求の基礎となった欠損金額その他必要な事項について調査し，その調査したところにより，その請求に係る金額を限度として法人税を還付し，または請求の理由がない旨を書面により通知することになっています。

13　税額の計算

■ 各事業年度の所得に対する税額

法人税額は，原則的には各事業年度の所得金額に対して一定の税率を乗じて算出することになります。この法人税額は，法人の種類に応じた税率と，中小企業に対する税負担の軽減を目的とした所得金額の大小に応じた二段階の税率とで計算されます。

法人税率（平成21年４月１日から平成23年３月31日までの間に終了する各事業年度）は，以下のように定められています。

区　分			税　率
普通法人・人格のない社団等	中小法人等又は人格のない社団等	年800万円以下の部分	18%
		年800万円超の部分	30%
	中小法人等以外の法人及び相互会社		30%
一般社団法人等及び公益法人等とみなされている法人		年800万円以下の部分	18%
		年800万円超の部分	30%
公益法人等		年800万円以下の部分	18%
		年800万円超の部分	22%
協同組合等		年800万円以下の部分	18%(19%)
		年800万円超の部分	22%(23%)
特定医療法人		年800万円以下の部分	18%(19%)
		年800万円超の部分	22%(23%)

■ 特定同族会社に対する特別税率

少数の株主によって支配されている同族会社では，個人株主の所得税の累進税率による租税負担を回避するため，意図的に配当の支払い時期を遅らせたり，配当金額を増減させたりすることによって，その配当金に対する課税を遅らせたり失わせたりすることが可能です。

そこで，同族会社のうち特定の同族会社（1人の株主グループによって発行済株式の50%超の株式を所有されている会社をいいます）に対して，その特定同族会社が当期の留保した所得から一定の金額（留保控除額）を控除した，控除後の所得金額について10%から20%の特別税率による課税が通常の法人税額のほかに付加されます。

平成19年度税制改正では，資本金の額または出資金の額が1億円以下である会社は除かれました。

■ 税額控除

納付しなければならない法人税額は，前述した課税所得金額に一定の税率を乗じて計算した税額から各種の税額控除を差し引いたものとなります。この税額控除には，所得税と法人税との二重課税もしくは国際的な二重課税を排除するため，または政策的措置のため，以下のような税額控除の制度が設けられています。

税額控除
① 二重課税の排除を目的とするもの ・所得税額の控除（法68） ・外国税額の控除（法69） ② 政策的配慮を目的とする主なもの ・仮装経理に基づく過大申告の場合の更正に伴う法人税額の控除（法70） ・試験研究を行った場合の法人税額の特別控除（措法42の４） ・エネルギー需給構造改革推進設備等を取得した場合の法人税額の特別控除（措法42の５） ・中小企業者等が機械等を取得した場合等の法人税額の特別控除（措法42の６） ・事業基盤強化設備を取得した場合等の法人税額の特別控除（措法42の７） ・情報基盤強化設備等を取得した場合等の法人税額の特別控除（措法42の11）

これらの税額控除は，申告書に控除を受けようとする金額の記載をし，計算の明細書を添付した場合に限って適用することができることになります。この点について留意しなければなりません。

14　申告・納付，更正・決定

■ 申告・納付

納付すべき法人税の納税義務は，各事業年度の終了の時に成立するとしています。

納税義務を有する法人は，事業年度終了後に決算を行い，この決算について株主総会等の承認または報告を受け，承認等を受けた決算に基づいて課税所得金額や法人税額等を計算した申告書を作成して，申告期限までに納税地の所轄税務署長に提出します。法人が法人税法に定める納税申告書を提出したときに，納付すべき法人税の額が具体的に確定します。

法人の申告所得が赤字となり，納付すべき法人税の額がない場合でも，当然に納税申告書は提出しなければなりません。

申告書の種類と法人税の申告・納付期限は以下のようになります。

区　分	申告期限	納付制限	納付すべき税額
中間申告書	事業年度開始の日以後6カ月を経過した日から2カ月以内	申告期限に同じ	前期の年税額の2分の1（予定申告） 6カ月間を1事業年度とみなした仮決算に基づいた税額（中間申告）
確定申告書	事業年度終了の日から2カ月以内	申告期限に同じ	当期の年税額から中間納付税額を控除した額
期限後申告書	―	申告書提出日	当期の年税額から中間納付額又は予納税額を控除した額
修正申告書	―	申告書提出日	修正申告によって増加した税額

■中間申告

事業年度が6カ月を超える法人は，事業年度開始の日から6カ月を経過した日から2カ月以内に**中間申告書**を提出しなければなりません。この中間申告による納税は，事業年度末における確定申告の年税額に対する前払いとなることから，確定申告時に精算が行われます。

確定申告によって計算した年税額から中間納付税額を控除し，控除後になお不足額が生じる場合が確定法人税額の納付税額であり，これを追加納付することになります。反対に控除額のほうが多くて過納となった場合が確定還付金額であり，これは還付されることになります。

この中間申告には，次の2つの種類があります。

前期の実績による申告が**予定申告**です。（中間申告納付法人税額＝前事業年度の確定法人税額／前事業年度×6）の算式で予定申告納税額を表すことができます。

前期実績によらず，仮決算による申告が**中間申告**です。事業年度開始日からの６カ月間を１事業年度とみなした仮決算に基づいた課税所得による法人税額が中間申告納税額です。したがって，この仮決算による中間申告は，本年度の業績が前事業年度よりも悪化した場合には，中間申告の法人税額が予定申告のそれよりも少なくなることから，このような法人が行います。

■確定申告

確定申告は期限内（事業年度終了後２カ月以内）に確定申告書を提出することによって行うことになります。確定申告による納付税額は，算出した年税額から中間申告納付税額を控除した額であり，これを期限内に納付することになります。

法定申告期限後に申告書を提出した場合を期限後申告といい，この期限後申告となった場合には余分な税金（加算税と延滞税《えんたい》）を納めなければならなくなり，さらに青色申告の取り消し事由にもなります。

会社法の規定では，大会社は事業年度終了後３カ月以内に株主総会を開催することができ，この株主総会で決算を承認しようとすると，通常より１カ月遅れた申告書の提出となります。そこで「**確定申告書の提出期限の延長の特例**」を受けることによって，申告書の提出期限を１カ月延長することができます。

■修正申告

確定申告書の提出後において，その申告した法人税額等が過小であった場合には，法定申告期限後その申告について更正があるまでは，申告書に記載された課税標準等または法人税額等を修正する申告書を提出することができます。この場合における申告書を**修正申告書**といいます。

これとは逆に，確定申告書の提出後において，その申告した法人税額等が過大であった場合には，法定申告期限から１年以内に限り，その申告に係る課税標準等または税額等につき更正をすべき旨の請求をすることができます。

これを**更正の請求**といいます。更正の請求は，更正前と更正後の課税標準等または税額等，その更正の請求をする理由，その他参考となるべき事項を記載した更正請求書によって行います。

■ 更正・決定

法人が提出した申告書の内容に誤りがあり，申告書に記載された課税標準または法人税額等の計算が法人税法の規定に従っていなかった場合には，その法人に対して調査を行い，その調査により，申告書に係る課税標準または法人税額等を是正することを，**更正**といいます。

また，申告義務のある法人が申告書を提出しなかった場合は，その法人に対して調査を行い，その調査によって，課税標準または法人税額等が決められ，これを**決定**といいます。

上記の更正または決定の手続きは，国税通則法にその定めがあり，更正の場合は更正通知書が発行され，その更正に係る課税標準または法人税額等を記載し，決定の場合は決定通知書が発行され，その決定に係る課税標準および法人税額等を記載しなければならないとされています。

15 青色申告

■ 青色申告とは

納税者自らが課税標準額と法人税額を計算して自主的に申告することを「**申告納税制度**」といいます。この申告には，すでに紹介した「**青色申告**」と「**白色申告**」の2種類があります。

青色申告を選択した企業は，日記帳や元帳などの法定の帳簿に日々の取引を正確に記帳し，複式簿記によって決算書を作成し，その決算書に基づいて確定申告します。

■ 青色申告の特典

確定申告を青色申告書によって行う場合は，白色申告には認められていない各種の特典があります。

法人税法で認められている特典と義務としては次のようなものがあります。

法人税法で認められている青色申告の特典と義務

① 青色申告書を提出した事業年度に生じた欠損金を翌期以降7年間繰越して控除できる。
② 欠損金を繰戻して法人税額を還付できる。
③ 帳簿書類を調査した結果に基づいて更正しなければならない。
④ 更正をする場合，通知書にその更正理由を附記しなければならない。

租税特別措置法で認められている主な特典としては次のようなものがあります。

租税特別措置法で認められている主な特典
①　特別償却または割増償却が認められている。 ②　各種準備金の積立額が損金に算入できる。 ③　各種の法人税額の特別控除がある。 ④　中小企業者等が取得した少額減価償却資産の取得価額を損金算入できる特例がある。

■ 青色申告の要件

青色申告が認められるためには，次の２つの要件を満たさなければなりません。

青色申告の要件
①　法定の帳簿書類を備え付け，「複式簿記」の原則に従って取引を記録保存すること。 ②　「青色申告承認申請書」を所轄税務署長に提出して承認を得ること。

■ 青色申告の承認・取消し・取止め

青色申告の承認を受けようとする法人は，青色申告書を提出する事業年度開始の日の前日までに所轄税務署長に「青色申告の承認申請書」を提出しなければなりません。

また，新設法人の場合には，設立の日以後３カ月を経過した日か，設立事業年度終了の日か，いずれか早い日の前日までに提出することになります。

青色申告の承認は，以下の事実があった場合はこれを取り消されます。

青色申告の取り消し

① 帳簿書類の備え付け，記録または保存が法令に従って行われていない。
② 税務調査において帳簿書類を提示しない。
③ 帳簿書類について税務署長の指示に従わない。
④ 帳簿書類に取引の一部または全部を隠蔽《いんぺい》しまたは仮装して記載し，その他その記載事項の全体について真実性を疑うに相当の理由がある。
⑤ 確定申告書を提出期限までに提出しない。

青色申告を取りやめようとする場合には，やめようとする事業年度終了の日から2か月以内に「青色申告のとりやめの届出書」を所轄税務署に提出しなければなりません。

16　決算書での法人税等の表示

「法人が納付した税金および納付すべき税金」である法人税等は決算書のどこに記載されるのでしょう。

損益計算書

損益計算書

（平成19年４月１日から平成20年３月31日まで）　　　　（単位：千円）

科　　目	金　額	
売上高		11,740,376
売上原価		9,182,275
売上総利益		2,558,101
販売費及び一般管理費		2,098,689
営業利益		459,411
営業外収益		
受取利息	1,729	
受取配当金	35	
為替差益	16,758	
受取補償金	5,750	
受取助成金	4,795	
その他	2,029	31,099
営業外費用		
支払利息	4,622	
社債利息	583	
デリバティブ評価損	47,990	
株式交付費	9,418	
株式公開費用	7,515	70,129
経常利益		420,381
特別利益		
固定資産売却益	838	
投資有価証券売却益	1,001	1,840
特別損失		
固定資産除却損	450	
移転関連費用	1,850	2,300
税引前当期純利益		419,920
法人税，住民税及び事業税		196,261
法人税等調整額		△　12,695
当期純利益		236,354

貸借対照表

貸借対照表

（平成20年3月31日現在）　　　　（単位：千円）

資産の部		負債の部	
科目	金額	科目	金額
流動資産	5,120,591	流動負債	3,670,042
現金及び預金	1,667,288	買掛金	2,886,839
受取手形	285,697	1年以内償還予定の社債	50,000
売掛金	2,497,484	短期借入金	50,000
商品	360,146	1年以内返済予定の長期借入金	126,609
前渡金	808	未払金	61,806
前払費用	22,276	未払法人税等	123,000
繰延税金資産	44,440	未払消費税等	17,365
受託開発仕掛勘定	194,971	預り金	9,730
その他	51,327	賞与引当金	79,122
貸倒引当金	△ 3,850	仮受受託開発補助金勘定	218,502
固定資産	349,306	その他	47,067
有形固定資産	114,610	固定負債	130,989
建物	23,456	長期借入金	26,044
構築物	63	退職給付引当金	52,787
機械装置	27,167	役員退職慰労引当金	52,158
車両運搬具	2,991	負債合計	3,801,032
工具器具備品	60,932	純資産の部	
無形固定資産	46,354	株主資本	1,669,055
ソフトウエア	44,602	資本金	324,613
その他	1,752	資本剰余金	294,908
投資その他の資産	188,341	資本準備金	294,908
投資有価証券	52,979	利益剰余金	1,049,706
出資金	160	利益準備金	4,710
長期前払費用	15	その他利益剰余金	1,044,996
差入保証金	85,391	特別償却準備金	2,265
繰延税金資産	41,960	別途積立金	250,000
その他	7,834	繰越利益剰余金	792,731
		自己株式	△ 173
		評価・換算差額等	△ 189
		その他有価証券評価差額金	△ 189
		純資産合計	1,668,865
資産合計	5,469,897	負債純資産合計	5,469,897

まず，損益計算書から検討してみます。損益計算書の末尾に記載されている税引前当期純利益に続く**法人税，住民税および事業税**が「法人が納付した税金および納付すべき税金」です。

上記の損益計算書の表示は，財務諸表等規則第95条の5に「次の各号に掲げる項目の金額は，その内容を示す名称を付した科目をもって，税引前当期純利益金額の次に記載しなければならない。」としていることによります。

① 当該事業年度に係る法人税，住民税および事業税（利益に関連する金額を課税標準として課される事業税をいう）

② 法人税等調整額（税効果会計の適用により計上される前号に掲げる法人税，住民税および事業税の調整額をいう）

さらに同条第3項では，「法人税等の更正，決定等による納付税額または還付税額がある場合には，第1項第1号に掲げる項目（法人税，住民税および事業税）の次に，その内容を示す名称を付した科目（過年度法人税等）をもって記載するものとするとしています。

これを実務的には，法人税等の**追徴税額**《ついちょうぜいがく》を本年度の法人税等と区分して**二段書き**するといっています。ただし，これらの金額の重要性が乏しい場合は，第1項第1号に掲げる金額に含めて表示することができる。」として，二段書きしなくてもよいとしています。なお，第1項第2号に掲げる**法人税等調整額**は，税効果会計の適用により計上される法人税，住民税および事業税の調整額です。

以上のように，損益計算書は納付した税金と納付すべき税金の合計額を表示していますが，このうちの事業年度末まで未だ納付していない税金で，事業年度経過後2カ月以内に納付すべき税金を表示しているのが，貸借対照表の流動負債に計上されている**未払法人税等**です。

これについては同じく財務諸表等規則第49条第３項に,「未払法人税等とは，法人税，住民税（都道府県民税および市町村民税をいう。）および事業税の未払額をいう」と定められています。事業年度末における税金の未払額とは，当年度の税金として申告した額のうち，既に納付した予定税額等を控除した法定納期限までに納付しなければならない未納の確定税額をいいます。なお，貸借対照表の流動資産と固定資産に計上されている繰延税金資産は税効果会計の適用により計上されるものです。

法人の決算書に表示された１年間の「法人が納付した税金および納付すべき税金」を一覧表にして示したのが以下の表です。

区　分	年税額	中間納付額	差引申告納付額
法人税 控除所得税	132,704千円 243	44,425千円 243	88,279千円
事業税	32,317	15,518	16,799
道府県民税 控除利子割額	24,285 80	11,168 80	13,117
市町村民税	6,632	1,827	4,805
合　計	196,261	73,261	123,000

損益計算書に表示される税金
法人３税の年税額合計

貸借対照表に表示される税金
年税額合計から中間納付額を
差し引いた未納税額

17　税効果会計

税務会計を理解するのに欠かせない税効果会計について実例を使って紹介します。会計実務では税効果会計による数値を理解できないと，法人の損益の実態が見えてきません。

最近の会計実務では，損益計算書に計上された「法人税，住民税および事業税」を**税金費用**といっています。税金は獲得した利益から支払うものであって，費用あるいはコストとして認識するのにはいささか抵抗があるところです。極端な言い方をすれば，税金は稼いだ利益から取られてしまうものと感じている人が多いと思います。これは学問上の問題認識ではなく，汗してビジネスに悪戦苦闘している人間の心情の問題です。

税効果会計が導入された時期から法人税等が税金費用と認識されるようになりました。「**税効果会計に係る会計基準の設定に関する意見書**」(平成10年10月30日，企業会計審議会）の二の１に「税効果会計を適用しない場合には，課税所得を基礎とした法人税等の額が費用として計上され，法人税等を控除する前の企業会計上の利益と課税所得とに差異があるときは，法人税等の額が法人税等の額を控除する前の当期純利益と期間的に対応せず，また，将来の法人税等の支払額に対する影響が表示されないことになる。」とあります。

この「課税所得を基礎とした法人税等の額が費用として計上され」と記載された時から，会計実務に携わる者に法人税等を税金費用と認識することにいささかの抵抗をも失わしめたのではないか考えます。

先の実例で税効果会計適用の有無による当期純利益の違いを以下に示

してみます。

	税効果会計を適用する	税効果会計を適用しない
税引前当期純利益	419,920千円	419,920千円
法人税，住民税及び事業税	196,261	196,261
法人税等調整額	－12,695	
法人税等合計	183,566	196,261
当期純利益	236,354	223,659

法人税等合計に対する税引前当期純利益の割合を**実効税率**と言いますが，税効果会計を適用した場合が43.7%，税効果会計を適用しない場合が46.7%となっています。

本事例では税効果会計による法人税等調整額は税引前当期純利益に対して３%の影響，つまり，税引前当期純利益と課税所得との間に税額ベースで３%の差異，これを所得ベースで引き直すならば31,191千円（法人税等調整額12,695千円÷0.407）だけ課税所得が多いことを表しています。税効果会計を適用することによって，課税所得を基礎としない，会計上の税引前当期純利益に対して税金費用を負担させていることになります。

それでは，この実効税率はどのようにして計算されるのでしょう。先にも言いましたが，企業が負担する３つの税金の法定の表面税率を，法人税が30%，住民税が20.7%，そして事業税が7.56%とすると，法定実効税率は以下のような計算式で40.7%となります。

$$\text{法定実効税率}40.7\% = \frac{\text{法人税率}30\% \times (1 + \text{住民税率}20.7\%) + \text{事業税率}7.56\%}{1 + \text{事業税率}7.56\%}$$

前記の税効果会計を適用した場合の実際の実効税率43.7%と，この法定実効税率40.7%とに差異が生じているのはどのような理由からでしょうか。

当期純利益と課税所得との間の差異を調整するということは，将来の法人税等の支払いに影響を及ぼす申告調整項目について，これを当期の税金費用から除外して翌期以降に繰り延べることです。

翌期以降に繰り延べる差異を**一時差異**といい，税務上の損金にならない賞与引当金繰入額，退職給付引当金繰入額，そして，税務上損金算入が認められる特別償却準備金繰入額，圧縮記帳額等がこれにあたります。この一時差異に係る税金費用を法人税等調整額として当期の納付すべき税金費用に加減算して，当期の税金費用を当期の純利益に対応させます。

これに対して，将来の法人税等の支払いに影響を及ぼさない申告調整項目，例えば，交際費等損金算入限度超過額，受取配当金の益金不算入額，住民税均等割額は，当期限りの課税所得の調整項目です。これらの差異を**永久差異**といい，この永久差異に係る税金費用が実効税率の差異となって表現されます。

これが，計算書類の注記事項に「法定実効税率と税効果会計適用後の法人税等の負担率との間に重要な差異があるときの，その差異の原因となった主要な項目の内訳」として，次のような記載となります。

法定実効税率	40.7%
（調整）	
交際費等永久に損金に算入されない項目	1.6
同族会社の留保金課税	1.4
受取配当金等永久に益金に算入されない項目	△ 0.0
住民税均等割額	0.7
そ　の　他	0.7
税効果会計適用後の法人税等の負担率	43.7

以上によって，税効果会計は，法人税等を控除する前の企業会計上の利益と課税所得とに差異があるときは，当期の法人税等の額が税引前当期純利益と期間的に対応させるよう，そして，これによる将来の法人税等の支払額に対する影響を表示させるようにする会計的手法なのです。税効果会計を適用することによって，従来の会計では見えていなかった企業会計上の利益と税金費用の関係に係る情報をより詳細に知ることができるようになりました。

18　申告書による法人税の理解

■ 税務上の損益計算書と貸借対照表

法人税の課税所得金額と税額を算出するための申告書を「**法人税別表**」といいます。法人税別表の１表から16表を上から順に書いていけば課税所得金額と税額が計算できるかといえば答えは否です。正しい納付すべき税額を求めるためには，一定の記載順序に基づかなければなりません。この記載順序を正しく学ぶことが法人税の理論と仕組みを理解する王道といっても過言ではありません。

申告書に記載される情報は，会社情報に関する項目，前期の繰越データ，益金または損金の算入・不算入（加減算項目），そして最後に所得・

税額計算に分類できます。この分類は申告書の記載順序からの大まかな分け方なのです。申告書に記載しようとする項目が上記の4つのどれに該当するのかによって記載順序がほぼ決まります。

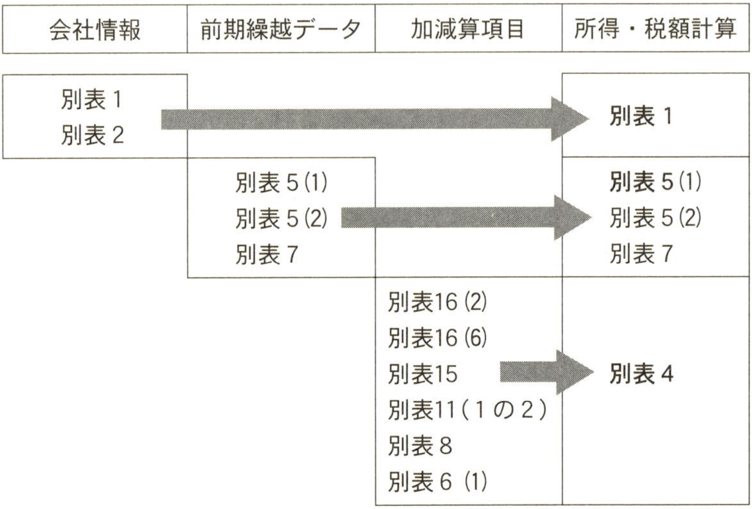

申告書の記載は，決算書の損益計算書，貸借対照表，注記事項に基づいて税務上の損益計算書，貸借対照表を作成することです。別表4が税務上の損益計算書で，別表5(1)が税務上の貸借対照表といわれています。最終的に法人税額は，別表4の課税所得計算の結果を受けた別表1によって，申告納付すべき税額として計算されます。

これに加えて，法人が負担する地方税としての，法人税の課税所得金額を基礎とした事業税の計算，法人税額を基礎とした**法人住民税**の計算を行うことが求められます。

■ 法人税別表とその記載の流れ順序

法人税の別表の主なものについて，別表番号と名称，計算作成目的を要約したのが下表です。

別表番号	別表名称	計算作成目的
別表１⑴	各事業年度の所得に係る申告書――普通法人，一般社団法人等及び人格ある社団等の分	納付税額を計算する
別表２	同族会社の判定に関する明細書	同族会社に該当するかを判定する
別表４	所得の金額の計算に関する明細書	課税所得金額を計算する
別表５⑴	利益積立金額及び資本金等の額の計算に関する明細書	積立金の増減を表示する
別表５⑵	租税公課の納付状況等に関する明細書	法人税等の税金の増減を表示する
別表６⑴	所得税額の控除及びみなし配当金額の一部の控除に関する明細書	源泉所得税の徴収状況を表示する
別表７	欠損金又は災害損失金の損金算入に関する明細書	欠損金等の損金算入額を計算する
別表８	受取配当等の益金不算入に関する明細書	受取配当等の益金不算入を計算する
別表11（１の２）	一括評価金銭債権に係る貸倒引当金の損金算入に関する明細書	貸倒引当金の損金算入額を計算する
別表15	交際費等の損金算入に関する明細書	交際費の損金不算入額を計算する
別表16⑴	定額法による減価償却資産の償却額の計算に関する明細書	定額法の減価償却費を計算する
別表16⑵	定率法による減価償却資産の償却額の計算に関する明細書	定率法の減価償却費を計算する
別表16⑹	繰延資産の償却額の計算に関する明細書	繰延資産の償却費を計算する

4 都道府県が課す事業税

1　事業税について

■ 事業税は物税《ぶつぜい》

事業税は，法人および個人の行う事業に注目して，事業そのものに課される税金です。その点で人税《ひとぜい》ではなく，物税となります。事業税は事業を行えば課税される物税であるところから，事業税は所得税や法人税の計算において必要経費または損金の額に算入されます。

■ この税金はなぜ都道府県税か

事業を行う法人や個人は，国，都道府県，市町村の道路，港湾，教育，保健衛生等の公共施設や行政サービスを受けて事業を行っていますが，その中でもっとも利用が多いのが都道府県の公共サービスであることから，事業税は都道府県税とされています。

■ 納税義務者は誰か

事業税は，事業を行うすべての法人（外国法人については，国内に事務所や事業所を有するものに限ります）と物品販売業，製造業，その他一定の事業を行う個人に課せられます。ただし，林業，鉱業などを行う法人および個人や農業，小規模漁業を行っている個人には課税されません。

■ 課税されるものは何か

法人は資本金等が１億円を超える法人を除き，原則として各事業年度の決算をもとに算出した所得を課税標準として事業税の額が決められます。所得は，特別の定めをしている場合を除いて，法人税の事業年度の所得と一致します。

なお，東京電力などの電気供給業や東京ガスなどのガス供給業および保険業については所得のかわりに収入金額が課税標準になります。

また個人においては，所得税における計算と同様にして求めた所得金額（青色申告特別控除前）から事業主控除（年290万円）を差引いた金額が課税標準金額となります。

2　法人の事業税

■税　　率

法人事業税の税率は標準税率制度がとられています。都道府県は条例で税率を定めることになりますが，標準税率を超える税率を課す場合は1.2倍を超えない率で課税することになります。

なお，平成20年度の税制改正により，法人事業税の標準税率を引き下げるとともに地方法人特別税（国税）および地方法人特別譲与税（都道府県税）が創設されました。地方法人特別税の申告納付は，法人事業税とあわせて都道府県に対して行います。都道府県は地方法人特別税として納付された額を国へ振り込みます。国は都道府県へ一般財源として譲与するという仕組みになります。

1．電気供給業，ガス供給業および保険業

収入金額課税法人	平成20年10月１日前に開始する事業年度	平成20年10月１日以後に開始する事業年度
収　入　金　額	1.3%	0.7%

2．上記以外の事業

法人の区分			平成20年10月1日前に開始する事業年度	平成20年10月1日以後に開始する事業年度
外形課税対象法人	付加価値割注1		0.48%	0.48%
対象法人（資本金等が1億円を超える法人）	資本割注2		0.2%	0.2%
	所得割	年400万円以下の所得	3.8%	1.5%
		年400万円超年800万円以下の所得	5.5%	2.2%
		年800万円超の所得及び清算所得	7.2%	2.9%
特別法人	所得割	年400万円以下の所得	5.0%	2.7%
		年400万円超の所得及び清算所得	6.6%	3.6%
その他の法人	所得割	年400万円以下の所得	5.0%	2.7%
		年400万円超年800万円以下の所得	7.3%	4.0%
		年800万円超の所得及び清算所得	9.6%	5.3%

注1　付加価値割――各事業年度の付加価値割

各事業年度の報酬給与額，純支払利子及び純支払賃借料の合計額（収益配分額）と各事業年度の単年度損益との合計額

注2　資本割――各事業年度の資本金等の額

各事業年度終了の日における法人税法2条16号に規定する資本金等の額又は同条17号の2に規定する連結個別資本金等の額

■ 課税標準（課税の対象）

法人事業税の課税標準は，通常法人税の各事業年度の所得金額ですが，

地方税法で別段の定めがあるものは除きます。違いが生じる主なものは受取配当の一部益金算入や外国税額控除の不適用などです。

■ 申告と納付

法人税の確定申告書を提出しなければならない法人は，原則として事業年度終了の日から２カ月以内に都道府県知事に申告書を提出して税額を納付しなければなりません。また，複数の都道府県に事業所などがあ

KEYWORD

中間申告――事業年度が６カ月を超える場合には当該事業年度開始の日以後６カ月を経過した日から２カ月以内に次の方法により申告納付します。

① 前年実績による場合（みなす申告もあり）

② 仮決算に基づく場合

その事業年度開始の日から６カ月の期間を１事業年度とみなして算定した法人事業税額

確定申告――各事業年度に係る法人事業税額を，確定した決算に基づき，申告納付します。納付すべき法人事業税額がない場合においても申告書を提出します。

① 申告納付期限の延長を受けていない場合は，事業年度終了の日から２カ月以内に提出します。

② 申告納付期限の延長を受けている場合は，事業年度の終了の日から原則３カ月以内に提出します。申告納付期限の延長の特例の主なものは下記のとおりです。

1）法人が災害その他やむを得ない理由によって決算が確定しない場合

2）会計監査人の監査を受けなければならないこと，その他これに類する理由により決算が確定しない場合

当該申告延長法人は，その延長を受けている事業年度終了の日以後２カ月を経過した日からその延長された確定申告書の提出期限までの日数に応じ延滞金を加算して納付します。

る法人は，一定の分割基準によって，関係都道府県ごとに分割して納付します。法人事業税の申告と納税は基本的には，**法人税**の申告納税制度と同様なものになっています。

3　個人の事業税

■ 税　　率

個人事業税の標準税率は次のとおりです。

第１種事業（物品販売業，製造業，飲食店業，不動産貸付業，運送業）	５％
第２種事業（畜産業，水産業）	４％
第３種事業（医業，弁護士業，税理士業，理容業など）	５％
第３種事業のうち，あんま，はり，きゅうなど	３％

■ 課税標準

個人事業税の課税標準は，個人の行う事業に係る総収入金額から必要経費と事業主控除（290万円）を控除して算出します。所得税の計算には青色申告特別控除や扶養控除，生命保険料控除などの所得控除がありますが，事業税の計算ではこれらを控除することはできません。

なお，不動産貸付業で課税対象となるのは，賃貸マンションなどの場合は原則として貸付室数が10室以上，一戸建住宅については貸付棟数が10棟以上の場合等です。

■ 納　　税

納税者は申告書を毎年３月15日までに提出しますが，所得税の確定申告書を税務署に提出した人は，個人事業税の申告書を提出する必要はありません。ただし，年の中途で廃止した場合で事業の所得金額が事業主控除を超える個人は1カ月以内に申告します。納税は都道府県知事から交付される納税通知書によって，原則として8月と11月の年2回に分けて行います。

5　申告納税制度――青色申告と白色申告

1　申告納税制度と賦課課税制度

日本国憲法30条（納税の義務）では，「国民は，法律の定めるところにより，納税の義務を負ふ。」と定められ，**同84条（租税法律主義）**で，「あらたに租税を課し，または現行の租税を変更するには，法律または法律の定める条件によることを必要とする。」と規定されています。こうした考え方を，「租税法律主義」といいます。

納税義務の成立を確定する手続きとして，一部の自動確定制度の税を除き，大部分の租税は，**申告納税制度**と**賦課《ふか》課税制度**を採用しています。ここでは，個人事業者と法人企業の申告納税制度について述べます。

申告納税制度は，法律の下に，納税者自らが自己の事業の売り上げがいくらであり，いくらの利益を得たのかを計算をして自己の課税標準額と税額を確定して納税申告をするものです。つまり，納税者自身が納税義務を確定させる制度です。申告納税制度が適用される税目には，法人税，所得税，消費税，相続税，贈与税，法人住民税，法人県民税，法人事業税等があります。申告納税制度は，日本，アメリカ，オーストラリア，イギリス等で採用されています。

賦課課税制度は，納税者が自己の事業の売り上げがいくらであり，いくらの利益を得たのかを計算をして，課税標準の基礎資料を課税庁に申告するが，この資料はあくまで参考資料であり納付すべき税額は課税庁の処分によって確定するものです。つまり，課税庁が納税義務を確定させる制度です。

賦課課税制度が適用される税目には，加算税，個人住民税，個人事業税，固定資産税，不動産取得税，自動車税等があります。

ドイツ，フランス等のＯＥＣＤ加盟国の多くは賦課課税制度を採用しています。

2　申告納税制度の歴史

わが国においては申告納税制度が昭和22年に導入されましたが，当時の日本経済は疲弊のどん底状態にあり，インフレーションが進行している不安定な社会状況でした。また，税務行政においては納税者と課税庁との信頼関係は最悪の状態であり，例えば，昭和23年，個人所得税において約70％に及ぶ納税者が課税庁から**更正・決定**を受けたため，納税者が課税庁に対して多数の異議申し立てが行われる状態にあり，税務行政が混乱していた時期でもありました。そのような時期（昭和25年）に**シャウプ税制使節団**は，納税者が正しい申告ができるように「**税の公平，中立，簡素の原則**」に**立脚したシャウプ勧告**を行い，納税制度を整備することにより税務行政は円滑になるとともに申告納税制度も発展してきました。

■ シャウプ勧告

シャウプ税制使節団は申告納税制度について，次のように述べています。

「所得税および法人税の執行面の成功は全く納税者の自発的協力にかかっている。納税者は，自分の課税されるべき事情や自分の所得額をもっともよく知っている。このある納税者の所得を算定するのに必要な資料が自発的に提出されることを申告納税という。」（監修　福田幸弘（1985）「シャウプの税制勧告」霞出版社　ｐ.57）

具体的には，公平な租税制度の確立を目指し，納税者が正しい申告ができるように，次の勧告をしてその実現を図りました。

シャウプ勧告
①　青色申告制度
②　所得金額の公示制度
③　前年実績を基礎とする予定納税申告
④　不服申立て制度
⑤　その他（目標額制度の廃止，所得税申告書の様式の簡素化，高額所得者の資産負債の明細書の提出，税務行政上の訓令・解釈通達の公開等）

以上の勧告は，昭和25年の税制改正で実現しています。その後も，申告納税制度の確立のための幾多の改正が行われました。

3　青色《あおいろ》申告制度

青色申告制度の創設から60年の歳月が流れますが，この制度は，シャウプ勧告により創設されたことから，カール・シャウプ博士は青色申告制度の「生みの親」といわれています。

この制度は，所得税や法人税について適正な申告をすることを目的として帳簿書類を備え付けて正確な記帳・記録を行い，それを基礎として申告をすることを奨励するために導入されたのです。そのため，青色申告は納税者の選択となっており，税務署長の承認を受けて青色申告者になれます。青色申告者は一定の帳簿書類を備え記帳・記録が義務化されますが，課税上，優遇措置があります。

その特典は，①所得の計算に関するものと②納税手続きに関するものに区分されます。

青色申告の特典

・各種減価償却の特別償却，割増償却
・貸倒引当金等の設定
・特定災害防止準備金の積立て
・青色申告特別控除（個人）
・青色専従者給与の必要経費算入（個人）
・純損失の３年間の繰越控除（個人）
・欠損金の７年間の繰越控除（法人）
・推計課税の禁止

4　白色《しろいろ》申告制度

青色申告を選択していない納税者は全て白色申告者となります。白色申告書であっても前々年分または前年分の所得が300万円を超えている場合は帳簿書類の備え付けと記帳・記録が義務化されています。青色申告者の特典と比較すると次の通りです。

白 色 申 告

・各種減価償却の特別償却，割増償却の適用はない
・特定災害防止準備金の積立ての適用はない
・青色申告特別控除（個人）の適用はない
・事業専従者控除として①配偶者は86万円，②それ以外の者は１人50万円か（事業専従者控除前の事業所得等）÷（事業専従者数＋１）のうち少ない方の金額を必要経費に算入できる
・純損失の３年間の繰越控除（個人）の適用はない
・欠損金の７年間の繰越控除（法人）の適用はない
・推計課税は行われる

このように，青色申告者へ適用される特典は，白色申告者に対して「不公平である」との議論もありますが，所得の構造に関わる問題でもあるので今後の課題となっています。特に個人事業者間において問題とされているものであり，法人企業は約98%が青色申告を選択していますので問題となっていません。

国税庁（2006）「平成18年分・会社標本調査結果報告」によれば，青色申告の個人事業者は平成18年度176万人で約55%，法人企業は平成18年度253万社で約98%までに普及しています。

6 税務調査

1　税務調査について

まじめに事業を行っている人でも「税務調査」と聞いただけでびっくりしてしまいます。あるいは自分で事業をしていない人は，税務調査なんて関係ないと思っているかもしれません。

私たちが生活する上で，事業を行っているなど特別な場合を除いて，通常，税務署の税務調査を受けることはありません。

しかしサラリーマンでも，相続により財産を取得して相続税の申告を行う場合もあります。その場合，税務調査を受けることもあります。

税務調査において，調査手続きの法律上の諸権利を知らないために，あるいは間違った知識を持っていたために，納税者の権利・利益が損なわれる場合があります。

■ 税務調査には種類があります！

税法に規定する調査は，大きく３つに分けることができます。

⑴　課税処分のための調査

⑵　徴収のための調査

⑶　犯則事件のための調査

税務調査というとき，どの種類の税務調査であるか確認する必要があります。

それでは⑴から⑶の調査について説明しましょう。

⑴ 課税処分のための調査

「質問検査権の行使」（所得税法234条等）として，適正な課税処分を行うための資料を得ることを目的とした純粋に行政目的のための調査をいいます。

課税庁職員による「質問検査権の行使」であり，一般に「任意調査」と呼ばれ，通常「税務調査」というと，この調査のことをいいます。

「任意調査」とはいっても，納税者が調査に応じないときは，罰則の対象となりますので「間接強制調査」というべき性質を持っています。

課税庁職員による「質問検査権の行使」は，「犯罪捜査のために認められたものと解してはならない」（所得税法234条２項等）と規定するように犯罪捜査のための調査ではありません。

⑵ 徴収のための調査

滞納処分のための調査（国税徴収法141条以下）で，基本的には，間接強制を伴った任意調査で，前述した⑴と同様の調査です。

ただし⑴との違いは，裁判所の令状を必要としない強制調査をすることができます（国税徴収法142条）。

⑶ 犯則事件のための調査

犯則嫌疑《けんぎ》者に対する質問や検査（国税犯則取締法１条）と，臨検や捜索等（国税犯則取締法２条）です。

質問や検査は任意調査ですが，臨検や捜索は裁判官の令状に基づく強制調査です。税務調査というと，この犯則事件のための調査と混同する場合があります。

課税処分のための調査として犯則事件のための調査をすることは許されませんし，犯則事件のための調査として課税処分のための調査をすることもできません。

課税処分のための調査の適正手続き

憲法31条「適正手続きの保障」
何人も，法律の定める手続きによらなければ，その生命もしくは自由を奪われ，またはそのほかの刑罰を科せられない。

日本国憲法では，「適正手続きの保障」が謳《うた》われていますが，税務調査において手続き規定はどうなっているでしょう。

税法では，質問検査権の行使として，「必要あるときは……」としか規定しておらず，また身分証明書の携帯義務しか規定していません。

最高裁昭和48（1973）年７月10日決定では，「質問検査の必要があり，かつ，これと相手方の私的利益との衡量において社会通念上相当な限度にとどまるかぎり，権限ある税務職員の合理的な選択に委ねられている」と判示されました。税務署の判断で自由に質問検査権を行使できるわけではありません。

2　税務調査の対応の仕方

税務調査を受けるに当たり，納税者と課税庁は対等の関係にあります。税務調査を受けるに当たって納税者の権利をまとめてみました。

⑴　税務調査をするに当たっては事前通知が必要です。いきなり税務署員が来たら，日を改めて来るように言って，はっきり断ることが大切です。

⑵　電話による問い合わせがあった場合，本当に税務職員からの電話か分かりません。そこで税務署からの電話には，あわてないで用件，所属そして氏名を聞いて税理士に連絡する必要があります。

⑶　一般の税務調査は調査拒否をした場合には罰則が適用されますので，間接的強制を伴った任意調査と言われています。しかし，調査日時の連絡があった場合，その日都合が悪いときなど正当な理由があるときは延期の申し出をしても調査拒否にはなりません。

⑷　質問検査権は，「質問および検査」で，「捜査や押収」はありません。質問検査権の行使については，日時，場所，方法，範囲などについて一定の法的限界が存在します。したがって机の中や金庫，レジ，ロッカーの中まで納税者の同意なしに調べることはできません。調査内容に必要ないものや，個人のプライバシーにかかわることを要求されたら断ることができます。

⑸　質問検査権には，帳簿書類等を押収したり領置《りょうち》する権限は含まれていません。そこで，同意なしにこれらを持ち帰ることはできませんので断る勇気も必要です。

7 税理士はどのような仕事をするのか

日本には，7万人を超える税理士がいます（平成21年7月末現在，71,058名）。税理士法によって，2名以上の税理士を社員として**税理士法人**を設立することもできます（1,550ほどの法人があります）。仕事の内容は，個人としての税理士も税理士法人も同じですから，以下，両者を区別せずに，税理士の資格と仕事を紹介します。

1 税理士の資格

税理士法では，「**税理士は，他人の求めに応じ，租税に関し，次に掲げる事務を行うことを業とする**」として，**税務代理**，**税務書類の作成**，**税務相談**の3つの業務を掲げています（税理士法第2条第1項）。この3つが，税理士の本来業務で，税理士の資格を持たない者は，この業務を行うことはできません。

また，同法は，「**税理士の名称を用いて，他人の求めに応じ，税理士業務に付随して，財務書類の作成，会計帳簿の記帳の代行その他財務に関する事務を業として行うことができる**」（同法第2項）と規定しています。これが**付随業務**と呼ばれています。この業務も「税理士の名称を用いて」行うものですから，税理士の資格がない者にはできません。

税理士の仕事は，上の業務だけではなく，その専門知識を生かした広範囲な領域にわたっています。以下では，広く税理士が行っている仕事を，できるだけ具体的に紹介します。

■ 税理士は「正しい税金を支払う（申告納税）ときの代理人」

日本では，所得税，法人税などは，自分で自分の税金を計算して，それに基づいて税金を納める制度が取られています。これを「**申告納税制度**」といいます。

ところが，税金に関する法律は，複雑であったり膨大であったり，一般の市民（納税者）にはなかなかわかりにくいものです。そこで，納税者が税金の申告をしたり実際に納税するときに，税に関する専門知識を持った有資格者として，そのお手伝いをするのが「税理士」です。

税理士の業務は，誰でもできるわけではありません。税理士は，弁護士，公認会計士，医師，看護士などと同じように，国家試験に合格することによって登録の資格を取得します。その資格がないと，税理士としての業務はできません。

■ 資格試験

税理士になるには，税理士試験という国家試験で，会計学（財務諸表論と簿記論が必須）と税法（法人税法，所得税法，消費税法などから３科目以上）の試験に合格し，さらに，会計事務所等での実務経験を重ねる必要があります。

税理士になるルートは，他にも，公認会計士試験や司法試験に合格，税務署等で国税等に関する実務に長年携わってきた経験がある，大学院で会計学や税法の研究で修士号を取得した……，といったルートがあります。

2　税理士の仕事

■ 資格を取ればできること

税理士の資格を取って，各地の税理士会に登録を済ませますと，税理士にしかできない仕事，税理士ならできる仕事がいろいろ待っています。

■ 税 務 代 理

納税者に代わって，確定申告，青色申告の承認申請，税務署の更正・決定などに不服がある場合の申し立て，税務調査の立ち会いなどを行います。

■ 税務書類の作成

納税者に代わって，確定申告書，青色申告承認申請書，その他税務署などに提出する書類を作成します。

■ 会計業務・記帳代行業務

税理士業務の付随業務として，財務書類の作成，会計帳簿の記帳代行，その他の財務関係業務を行っています。

■ 会 計 参 与

中小会社が作成する計算書類の信頼性を高めるために，会計参与制度ができました。会計参与になれるのは，税理士，税理士法人，公認会計士，監査法人だけです。会計参与制度はスタートしたばかりですが，今後，中小会社の会計・決算を質的に高めるものとして期待されています。

■ 経営助言業務

税理士は，税の業務や相談だけではなく，経営に関する助言（コンサルティング）を行っています。主に，経営計画，財務，資産運用，マーケティング（販売），相続などの相談を受け，助言業務を行っています。

■ 補佐人業務

税理士は，租税訴訟等において，納税者の正当な権利，利益の救済を援助するために，補佐人として，弁護士（訴訟代理人）とともに裁判所に出頭し，陳述することもあります（税理士法第２条の２，第48条の６）。

■ 社会保険労務士業務

税理士業務に付随して，社会保険労務士業務を行っている税理士もいます。社労士の登録をして本来業務として行っている人もいますが，開業している税理士の30人に１人が，付随業務として社労士業務を行っています。

■ 相談した人の秘密は守られます（守秘義務）

税理士にいろいろな相談をしたいけど，あまり他人には知られたくない身内のことや経営のこともあります。親族が亡くなって相続争いが起きたとか，離婚して財産をどう分けたらいいのか分からないとか，家族や従業員には聞かせられない財産や経営のこととか，秘密にしておきたいことはいくらでもあります。

でも，安心してください。税理士は，仕事の上で知った秘密を他に漏《も》らしてはならないという，法律上の義務（守秘義務）があります。この義務は，税理士をやめた後も，同じです（税理士法第38条）。

以上，税理士の仕事を詳しく紹介してきました。巻末に，各地の税理士会の住所・電話番号などが紹介されています。また，日本税理士会連合会のホームページには，税理士と税理士法人の情報を掲載した「税理士情報検索サイト（https://www.zeirishikennsaku.jp/）があります。そこには，氏名・名称，事務所所在地，電話番号などの公開情報と，任意公開情報として，性別，生年，事務所のＦＡＸ番号・メールアドレス・ホームページアドレス，事務所の主要取扱業務および業種などが公開されています。

皆さんが税に関して相談したいことがありましたら，まず，税理士会か，身近な税理士・税理士法人の事務所に電話してみてください。

PART 3
身近な税金のあれこれ

1 サラリーマンの給与に課す「所得税」

1　サラリーマンの給与

サラリーマンが受け取る給与や賞与は**給与所得**に該当します。給与所得は，会社との雇用契約に基づいて支給される労働の対価としての**現金**と，次のような**経済的利益**をいいます。

給与とみなされるもの（経済的利益）

1．食事が支給される場合に自己負担金が食事の対価の50％未満である場合および会社の負担が月額3,500円を超えている場合。食事の対価から自己負担金を控除した残額相当額の金額が課税対象となります。
2．社宅家賃の自己負担が通常の家賃の50％未満である場合。通常の家賃から自己負担金を控除した残額相当額が課税対象となります。
3．日直がある場合に勤務１回につき4,000円を超える部分が課税対象となります。
4．国および地方公共団体の委員会から支給される委員手当（費用弁償金）が年額１万円を超える場合。その委員手当の金額が課税対象となります。

2　サラリーマンはどのように税を納めているのか

サラリーマンの所得税は，**源泉徴収**《げんせんちょうしゅう》という方法で会社が給与や賞与から所得税を差し引いて，サラリーマンに代わって国に納税します。

その年の12月に給与を支払う際に**年末調整**《ねんまつちょうせい》をして一年間の給与所得に対する所得税の**精算**をします。大部分のサラリーマンは，**年末調整で納税が完了**しますので**確定申告は必要ありません**。

KEYWORD

源泉徴収――所得税は申告納税を建前としていますが，利子，配当，給与，退職金等については，その支払者（源泉徴収義務者）が支払の際，支払金額に応じて一定の比例税率あるいは税額表で算定される所得税額を支払金額の中から徴収して，国に納付することをいいます。

年末調整――給与から毎月徴収した所得税の合計額が，同年中の給与総額に対する所得税額に比較して過不足が生じる場合，年末にその過不足を精算することをいいます。

3　サラリーマンはどんな場合に確定申告するのか

確定申告をしなければならないのは，次の人です。

確定申告をしなければならない人

①　給与の年収が2,000万円を超える人
②　給与所得や退職所得以外の所得金額（収入金額から必要経費を控除した後の金額）の合計額が20万円を超える人
③　給与を２ヵ所以上からもらっている人

■ 確定申告すると所得税が還付される場合があります！

次のような場合には，還付申告できます。

確定申告によって所得税が還付されるケース

① 年の途中で退職して年末調整が受けられず源泉徴収された所得税が過大である場合
② 一定の要件でマイホームを取得して住宅ローンがある場合
③ 特定の寄付をした人
④ 配当所得があり配当控除の適用を受ける場合
⑤ 災害や盗難などで資産に損害を受けた場合
⑥ 多額の医療費を支払った場合
⑦ サラリーマンの特定支出控除の特例の適用を受ける場合

■ サラリーマンの必要経費とは？

サラリーマンは，会社で働くために，靴，カバン，スーツ，ワイシャツなどの費用がかかります。仕事のために英会話を習ったり本を買って読んだり，学習費用もかかります。これらの経費は個人差がありますし，サラリーマン全員（約5,300万人）について給与収入からこれらの必要経費を差し引いて給与所得を計算することは困難ですから，所得税法では**必要経費に相当する給与所得控除額**を定めています。

また，一定の特定支出である**必要経費**がある場合で，その金額が**給与所得控除額**を超える場合には，その超える金額を必要経費として差し引くことができる**特定支出控除制度**があります。特定支出とは，一定の「1．通勤費，2．転居費，3．研修費，4．資格取得費，5．帰宅旅費」をいいます。

所得税額を算出する仕組み

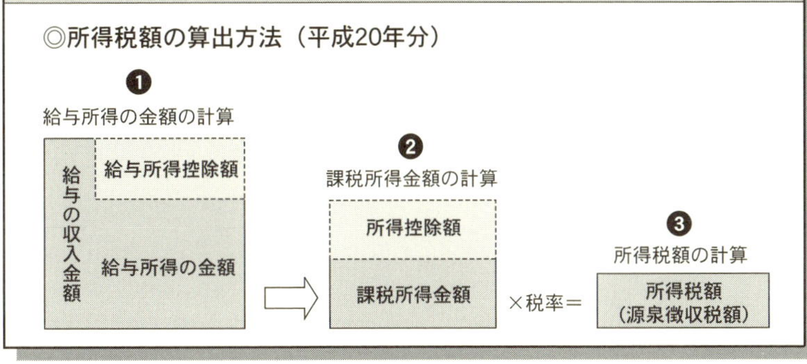

甲野太郎さんの事例

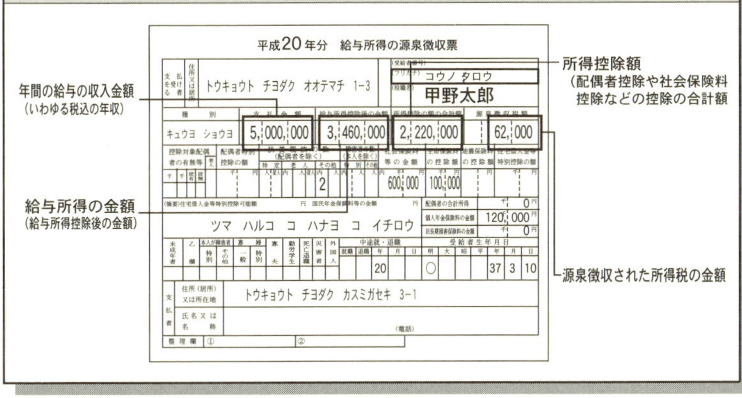

出所）　国税庁ホームページ「平成20年度・暮らしの税情報」

「平成20年度分の源泉徴収票」です。ここには，甲野太郎さんの「年間の給与の収入金額」，「給与所得の金額」，「所得控除額（配偶者控除・社会保険料等の合計）」，「源泉徴収された所得税の金額」が記載されています。

給与所得控除額とは，サラリーマンの勤務に伴う必要経費の概算控除額として，給与の収入に応じて定められています（下掲の図表を見てください）。

❶ 給与所得の金額の計算

給与の収入金額から給与所得控除額を差し引いて給与所得の金額を算出します。

甲野太郎さんの給与所得控除額は	500万円×0.2＋54万円＝154万円
したがって給与所得の金額は	（給与の収入金額）（給与所得控除額）（給与所得の金額） 500万円 － 154万円 ＝ 346万円

※ 実際には年収が660万円未満である場合には，「年末調整等のための給与所得控除後の給与等の金額の表」で給与所得の金額を求めますので，上記の計算とは若干異なる場合があります。

◇給与所得控除額

年　　収	給与所得控除額
1,625,000円まで	650,000円
1,625,001円から 1,800,000円まで	年収×0.4
1,800,001円から 3,600,000円まで	年収×0.3 ＋ 180,000円
3,600,001円から 6,600,000円まで	年収×0.2 ＋ 540,000円
6,600,001円から10,000,000円まで	年収×0.1 ＋1,200,000円
10,000,001円以上	年収×0.05＋1,700,000円

❷ 課税所得の金額の計算

給与所得の金額から所得控除額を差し引いて課税所得金額を算出します。所得控除には扶養控除など14種類あります。

甲野太郎さんの所得控除の合計額は	社会保険料控除60万円＋生命保険料控除10万円＋配偶者控除38万円＋扶養控除76万円＋基礎控除38万円＝222万円
したがって給与所得の金額は	（給与所得の金額）（所得控除の合計額）（課税所得金額） 346万円 － 222万円 ＝ 124万円

❸　所得税額の計算

課税所得金額に税率を適用し，所得税額を算出します。具体例として所得税額は，「平成20年分所得税の税額表」で求めてみます。

甲野太郎さんの所得税額は	（課税所得金額）（税率）（所得税額） 124万円 × 0.05 ＝ 6 万 2,000円

◇平成20年分所得税の税額表〔求める税額＝Ⓐ×Ⓑ－Ⓒ〕

Ⓐ課税所得金額	Ⓑ税率	Ⓒ控除額
1,000円から 1,949,000円まで	0.05(5%)	0円
1,950,000円から 3,299,000円まで	0.1(10%)	97,500円
3,300,000円から 6,949,000円まで	0.2(20%)	427,500円
6,950,000円から 8,999,000円まで	0.23(23%)	636,000円
9,000,000円から17,999,000円まで	0.33(33%)	1,536,000円
18,000,000円以上	0.4(40%)	2,796,000円

（出所）国税庁ホームページ「平成19年度・暮らしの税情報」

2　個人も会社も負担する住民税—「市町村民税・県民税」

すでに紹介してきましたように，一定金額以上の個人所得があった者は，国税として所得税をその者の管轄する税務署に支払わなければなりません。それだけではなく，その者が，1月1日で居住しているところ（通常は，住民票のあるところ）で，市町村民税と道府県民税を支払わなくてはなりません。

道府県民税と市町村民税を合わせて，**住民税**といいます。会社などの法人であっても，個人と同様に，住所を有しているところで，道府県民税と市町村民税を支払わなければなりません。東京23区内の場合は，都民税と特別区民税として納めます。

1　個人住民税

■ 個人住民税の算出方法

個人住民税は，「均等割」と「所得割」に区分されます。「均等割」は各住民が標準税率として道府県民税1,000円，市町村民税3,000円を等しく負担し，「所得割」はその者の前年の所得に応じてその所得に標準税率として，道府県民税4％，市町村民税6％が課税されます。

個人住民税

種　別	市町村民税	道府県民税	合計
所得割	6％	4％	10％
均等割	3,000円	1,000円	4,000円

なお，個人住民税は所得金額から所得控除を差し引いて課税所得金額を算出し，その算出した金額に税率を乗じて納付税額を求めますが，国税たる所得税と比較して所得控除の金額が低くなっています。

■ 個人住民税の納税方法

給与所得者の場合

給与を支払う者は給与を受ける者が所在する市町村長に，給与を支払う年の翌年1月31日までに給与支払報告書を提出しなければなりません。市町村長はこの給与支払報告書に基づく住民税を，給与支払者に対して5月末までに通知することになっています。この通知を受けた者は，その年の6月から翌年5月までの毎月支払う給与から住民税を天引きして，その者に代わって納付します。この住民税の納付方法を**特別徴収制度**といいます。

給与所得者以外の場合

所得税の確定申告書を提出した者，または住民税の申告書を提出した者は市町村長から送付された住民税の納税通知書に記載されている金額を，一般的に年4回に分けて納付します。この住民税の納付方法を**普通徴収制度**といいます。

2　法人住民税

■ 法人住民税の算出方法

法人道府県民税，法人市町村民税の均等割

標準税率は道府県民税が資本金等の額に応じて5段階に，また，市町村民税が資本金等の金額および従業者数により11段階に分かれています。

例えば，法人の資本金等の金額が1,000万円以下で従業者数が50人以

下の場合の法人道府県民税は20,000円，法人市町村民税は50,000円の均等割となります。

なお，法人住民税の均等割は，休眠会社，赤字会社であっても納付しなければなりません。

法人道府県民税，法人市町村民税の所得割

法人住民税の所得割は国税としての法人税額に税率を乗じて算出します。標準税率は各自治体の条例によって決められています。

参考までに，横浜市の住民税の税率を紹介します。

種　　類	法　人　の　規　模	税　率
法人市民税	・資本等の金額が10億円以上の法人および保険業法に規定する相互会社	14.7%
	・資本等の金額が５億円以上10億円未満の法人	13.5%
	・資本等の金額が５億円未満の法人	12.3%
法人県民税	・資本等の金額が２億円以下でかつ法人税額が年4,000万円以下の法人	5%
	・上記以外の法人	5.8%

■ 法人住民税の納付方法

法人住民税は，事業年度終了の日から原則として２か月以内に住民税の申告書を提出し納付しなければなりません。

3 財産を持っている人に課される「固定資産税」

1　固定資産税とは何か

固定資産税は，土地，家屋（住宅，店舗，工場，事務所等），償却資産（事業用の機械，什器備品）にかかる市町村の税金で，毎年1月1日現在の所有者（法人，個人）に対して課税されます。

2　税　　額

■ 固定資産の評価額の決定

土地と家屋は総務大臣が定める「**固定資産評価基準**」に基づいて評価され，各市町村長がその価格を決定し固定資産課税台帳に登録します。この価格は3年に1度（償却資産は毎年）評価の見直しを行います。**土地の課税標準額**はこの固定資産評価額を基にして一定の方法により算出します。評価額は**地価公示価格**等の7割を目途《めど》として土地の現況に即して算出します。

家屋については，同様の家屋を新築した場合に必要とされる建築費（再建築価額）を基礎に建築後の経過年数に応じた減価を考慮して評価します。

償却資産については，購入した取得価額を基礎に経過年数に応じた減価を考慮して評価します。

■ 税額の計算

土地と建物については，各市町村長が決定した価格に1.4％の税率（標準税率）をかけて計算します。償却資産は申告方式ですが，税率は同様の1.4％になります。なお，税金のかからない免税点は，課税標準額が土地30万円，家屋20万円，償却資産150万円に満たない場合です。ただし免税点を超えた場合には，その全額に課税されます。

■ 納 税 方 法

固定資産税の納税は市町村長から送付される納税通知書に従い，年１回（通常は４月）または年４回（４月，７月，12月，翌２月）に分けて納付します。なお，都市計画税（市街化区域に所在する土地や家屋に対して課税される税金で税率0.3％）も併せて納税します。年の途中で土地や家屋を売却しても１月１日現在の所有者がその年度の納税者となります。

■ 評価額の調整

地価上昇による負担増や課税の公平の観点から，現在は評価額に一定の調整措置を行っています。

宅地（商業地，住宅地），農地（市街地のうち，一般農地）の土地の区分に応じ，別に定められた負担調整率をかけた金額によって課税されますので税金の対象となる評価額は原則減額されます。

■ 税額の軽減

新築のマイホームに対するもの

平成22年３月31日までに新築した住宅のうち一定の要件（例えば一般住宅の場合，床面積が50㎡以上280㎡以下のものなど）を満たす場合には，新しく課税される年度から３年間にわたり，120㎡を限度に２分の１が軽減されます。同じような要件を満たす，中高層耐火建築物（マンション）の場合は，５年間にわたって軽減されます。

マイホームの敷地に対する特例

マイホームの敷地に対しては，評価額が次のように軽減されます。なお税金が軽減されるのではありません。

面 積 区 分	固定資産税	都市計画税
200㎡までの部分	固定資産税評価額を１／６に軽減	固定資産税評価額を１／３に軽減
200㎡を超える部分	固定資産税評価額を１／３に軽減	固定資産税評価額を２／３に軽減

■ マンションの課税

マンションなどに対する固定資産税はその建物全体に対する固定資産税を各区分所有者の共有持分の割合（専有部分の床面積に応じて計算されます）で按分《あんぶん》（比例的に配分すること）して納税額を各所有者別に算定します。また，共有となっている敷地についてもその按分割合で按分して負担します。

4 自動車を持っているとかかる税金

自動車は，持っていると非常に便利な道具です。ちょっと重たい物を買いに行くにも，少し離れたスーパーに買い物に行くにも便利です。週末に家族そろってドライブするのも楽しいですね。

ところで，自動車には，自家用車，営業車などがありますが，ここでは，皆さんが「マイカー」を買って，所有するときの税金の話をします。

1　マイカーを購入するとかかる自動車取得税／自動車重量税

自動車は，エンジンの排気量，長さ，幅などのサイズによって，**「普通自動車」「小型自動車」「軽自動車」**に分類されます。エンジンの排気量で言いますと，660cc以下の車は「軽自動車」，2000cc以下の車は「小型自動車」，小型自動車よりも排気量が大きいものは「普通自動車」とされます。ただし，排気量が2000ccであってもサイズが大きい車は，小型自動車ではなく，普通自動車に分類されることがあります（税金が大きくなります）。

マイカーを購入すると，**自動車取得税**と**自動車重量税**（4輪自動車）がかかります。

自動車取得税（道府県税）

税金の用途――目的税として道路に関する費用に充てます。

課税団体――自動車（イ 特殊自動車，ロ 小型自動車および軽自動車のうち2輪のものを除く）の主たる定置場所在の道府県です。

納税義務者――自動車の取得者です。税率は一定税率で軽自動車および営業用の自動車は取得価額の100分の3で，その他の自動車は100分の5です。取得価額が50万円以下の場合は自動車取得税がかかりません。

道府県は，市町村に対し，一定の計算により自動車取得税を交付しなければなりません。

自動車重量税は国税

自動車を買った場合には，自動車検査証（車検証）の交付・車両番号の指定を受けるときに，国税である自動車重量税が課されます。この場合，自動車検査証や有効期間に応じた税率が適用されます。自動車検査証または車両番号の指定を受ける時までに，税相当額の自動車重量税印紙を納付書に貼り付けて運輸支局または軽自動車検査協会に提出することにより納付します。

道府県税たる自動車取得税

国は，自動車重量税収入の3分の1に相当する額を道路に関する費用に充てるため，市町村に譲与します。

2　マイカーを持っているとかかる自動車税／軽自動車税

毎年，4月1日現在の車の所有者に「**自動車税**」「**軽自動車税**」が課せられます。所有する車の排気量に応じた税金を払うことになります。**自動車税は道府県税，軽自動車税は市町村税**です。

■ 軽自動車税

課税対象は，原動機付自転車，軽自動車，小型特殊自動車および二輪の小型自動車で，納税義務者はその所有者です。

標準税率は，原動機付自動車については，総排気量の大きさによって違いますし，軽自動車および小型特殊自動車については，種類によって2,400円から7,200円です。

5　不動産に関する税金

土地や，土地に定着している建物などのように「場所を移動できない資産」を**「不動産」**といいます。移動できるものであっても，工場内の機械・船舶なども不動産とされることがあります。

会計では，不動産をバランスシートに「**有形固定資産**」として表示します。

不動産を購入したり売却したりする際には，さまざまな税金を納める必要があります。不動産投資によって得られた利益に対しても税金が課されます。

ここでは，そのなかでも不動産の**購入時**と**売却時**にスポットをあてて，それぞれに課される税金について説明します。

1　不動産を取得したときにかかる税金

不動産購入時にかかる税金には，次のような「消費税」「印紙税」「登録免許税」「不動産取得税」などがあります。

KEYWORD

消費税——建物を購入する（建築引渡しを受ける）場合に，建築業者に対して支払います。消費税は消費に広く負担を求めるという観点から課税されるものですので，建物を購入しても課されます。

ただし，土地に関しては「消費」という観点になじまないものとされ，土地を購入しても非課税となります。

印紙税——印紙税は，不動産を売買する際に作成する売買契約書，建物を建築する際に作成する工事請負契約書，金融機関から借入れするときに作成する金銭消費貸借契約書等の各種契約書等に係る税金で，不動産売買契約書などは，契約金額に応じた印紙を契約書に貼付《ちょうふ》しなければなりません。

登録免許税——不動産を登記するときにかかる税金です。土地・建物それぞれに対して，売主から買主に名義を変える「所有権移転登記」，住宅ローンを利用する際に土地と建物を担保にするために「抵当権設定登記」，また，建物を新築した際に所有者を記載するための「所有権保存登記」などがあります。

登録免許税の納税義務者……その不動産の登記を受ける人です。登記を受ける人が２人以上いるときは，これらの人は，連帯して納付する義務を負います。

登録免許税の税額……次の算式により計算します。

課税標準×税率＝税額

登録免許税の課税標準……登記する不動産の固定資産税評価額です。また，抵当権の設定登記に対する登録免許税については，債権金額となります。

なお，個人が居住用家屋を新築したり，中古住宅を取得した場合には一定の条件を満たすと，税額の軽減措置があります。

不動産取得税——不動産を取得したときに取得した人に対して一度

だけかかる税金で，不動産の所在する都道府県から課される地方税です。なお，一定の条件を満たした住宅用については軽減措置があります。

固定資産税・都市計画税――不動産を購入後，毎年かかってくるのが固定資産税・都市計画税です。これは，その年の１月１日現在の所有者に対して４月ごろに各市区町村から請求されてきます。

2　不動産を売却したときにかかる税金

不動産売却時にかかる税金には，**「譲渡所得税」「住民税」**があります。ここでは個人が不動産を売却した場合の課税関係を簡単に説明します。

■ 土地建物等の譲渡所得

個人の所有する土地建物等を譲渡した場合の譲渡所得は，他の所得と区分（分離）して課税されます。

■ 所 有 期 間

譲渡所得は，譲渡した土地建物等が長期にわたって所有されていたものか短期間の所有のものかによって税率が異なります。

■ 分離短期譲渡所得の税額計算

課税短期譲渡所得（所有期間５年以下）とその税金の額は，次のように計算します。

{総収入金額－(取得費＋譲渡費用)－特別控除額} －所得控除額＝課税短期譲渡所得の金額
課税短期譲渡所得の金額×税率＝税額

所得税率	30%
住民税率	9%

■ 分離長期譲渡所得の税額計算

課税長期譲渡所得（所有期間5年超）とその税金の額は，次のように計算します。

{総収入金額－(取得費＋譲渡費用)－特別控除額} －所得控除額＝課税長期譲渡所得の金額
課税長期譲渡所得の金額×税率＝税額

所得税率	15%
住民税率	5%

KEYWORD

譲渡した資産の取得費――
　① 他から購入した資産については購入代金に購入手数料，引取運賃，業務用以外の取得に伴う登録免許税，不動産取得税等を含めた金額です。
　② 譲渡した資産が減価するものである場合の取得費はその資産が業務用と非業務用に区別され次のように計算します。
　　イ 業務用資産である場合……（取得に用いた金額＋設備費＋改良費）－各種所得の金額の計算上，必要経費に算入された償却費の累積額
　　ロ 非業務用資産である場合……（取得に用いた金額＋設備費＋改良費）－減価の額
　　＊ 減価の額とは取得費×0.9×同種の減価償却資産の耐用年数に1.5を乗じて計算した年数に対応する定額の償却率×経過年数
　③ 購入代金が不明の場合の取得費は譲渡した資産の収入金額の5％相当額とすることができます。
譲渡した資産の譲渡費用――譲渡するために直接支出する仲介手数料，登記料，測量費，借家人を立ち退かせるために要した立退料《たちのきりょう》等です。
譲渡益から控除される特別控除額――次に掲げる区分に応じてその金額が控除されます。
　　イ 居住用の財産の譲渡……譲渡益相当額から3,000万円を控除する
　　ロ 収用等による譲渡……譲渡益相当額から5,000万円を控除する
　　ハ 農地保有合理化等のための農地の譲渡……譲渡益相当額から800万円を控除する
　　ニ 特定土地区画整理事業のための譲渡……譲渡益相当額から2,000万円を控除する
課税長期譲渡所得金額の税率――居住用財産の譲渡，優良住宅地の造成等のための譲渡であれば軽課されます。また，一定の条件に該当すれば買換が認められ，一定の金額の課税の繰延ができます。

6 給与と退職金をめぐる税金

1　給与等を受給した者に課される所得税

所得税についてはすでに紹介しましたが，ここでは，給与所得者（サラリーマン）が労務の対価として受け取る給料・賞与（金銭以外の経済的利益も含まれます）に対して課せられる税を紹介します。

⑴　**給与所得**（役員報酬を含む）……俸給，給料，賃金，歳費および賞与ならびにこれらの性質を有する給与による所得をいいます（所得税法28条1項）。ただし，通常必要であると認められる部分の通勤手当，旅費は課税されません。

⑵　給与等の**所得金額**……給与等の収入金額から下記に掲げる**給与所得控除額**を控除した金額です。

サラリーマンは事業者と比較して必要経費が認められず，不利だという人もいますが，このように所得税法上は，給与収入の額に応じた概算経費をいわゆる「**必要経費**」として所得から控除することが認められています。

2　退職金，退職慰労金を取得した者に課される所得税

⑴　退職所得……退職手当，一時恩給，その他の退職によって一時に受け取る給与およびこれらの性質を有する給与（これらの給与を「退職手当等」という）による所得をいいます。

退職手当等は長期間にわたる勤労についての慰労金，もしくは給与の後払い的な性質を持っていますので，退職手当等を各年に割り振って課税すべきものですが，実務的には困難なため受け取った年に一括して課税します。その代わりに，老後の生活の安定に資する見地から分離課税方式による税の軽減が図られています。

⑵　退職所得控除額の計算方法

（収入金額－退職所得控除額）×１／２

退職所得控除は，次のように計算します。

ｉ．通常の退職の場合 イ．勤続年数が20年以下の場合 40万円×勤続年数（80万円に満たない場合には80万円） ロ．勤続年数が20年を超える場合 70万円×（勤続年数－20年）＋800万円
ⅱ．障害者になったことを要因として退職した場合 上記ｉによって計算した金額＋100万円

7 遺産を相続したらかかる「相続税」

1　相続税について

相続税は，富の集中を防ぐ観点から，相続人等が，亡くなった者（以下，被相続人という）から，相続や遺贈（遺言によって財産を譲り受けた場合）により財産を取得した場合に，その取得した遺産額が基礎控除額を超える場合に課せられる税金で，亡くなった日から10か月以内に申告納付しなければなりません。

2　相続税の額の決定

納付する相続税の額は，次に掲げるように計算して求めます。

■ 相続税の課税価格の計算

（課税される財産－債務，葬式費用）－基礎控除額＝課税遺産総額
（注１～注３）　（注４）　（注５）

注１　課税される財産
本来の相続財産として，現金，預貯金，土地，建物，書画，骨董，貸付金等の経済価値のあるものすべてが含まれます。
また，みなし相続財産として保険金，退職手当金，生命保険契約に関する権利等も課税財産となります。

注２　相続税が課されない財産
生命保険金および退職手当金のうち，一定の金額（500万円×法定相続人の数），墓地，仏壇等は非課税となります。

注３　相続開始前３年以内の贈与財産および相続時精算課税制度の適用により贈与した財産を含みます。

注4　相続財産から控除される債務および葬式費用
　借入金，未払金，前受金，預り金等，亡くなった時点で相続人が負担しなければならないすべての債務および葬儀費用（香典返し，初七日に係る費用は除きます）や，通夜費用は控除されます。
注5　5,000万円＋1,000万円×法定相続人の数（相続を放棄した者も含む）

■ 相続税の総額の計算

（注1～注4）
配偶者　課税遺産総額×法定相続分×税率＝〔A〕
子　課税遺産総額×法定相続分×税率＝〔B〕
〔A〕＋〔B〕＝相続税の総額

注1　相続権利の順位と法定相続分
① 配偶者（1／2）と　子　（1／2）
② 配偶者（2／3）と直系尊属（1／3）
③ 配偶者（3／4）と兄弟姉妹（1／4）
注2　相続税の総額を計算するに当たって相続を放棄した者がいても相続の放棄がなかったものとして計算します。
注3　相続開始以前に被相続人の子もしくは養子の者が死亡していた場合，その者の直系尊属は子もしくは養子の法定相続分を受け継ぎます。
注4　被相続人が亡くなったとき，配偶者のおなかの中に胎児がいた場合で，生きて生まれた場合は法定相続人となります。

■ 各相続人の納付すべき相続税の計算

相続税の総額×実際に取得した相続割合－各種税額控除額
（注1～注3）

注1　相続開始以前3年以内に贈与した財産で，相続税の課税価格に算入されたものについて既に納付した贈与税額。
注2　配偶者が相続により取得した財産が法定相続分までと1億6,000万円のうち大きい額まで控除されます。
注3　相続人が未成年者，あるいは障害者である場合は一定の金額が控除されます。

■ 遺言状のある場合の相続分

遺言状がない場合は，民法の規定により法定相続分が定められているので，その規定に基づき相続財産を分けます。しかし，法定相続人が合意し遺産分割協議により各相続人の配分が決まった場合は，それでもかまいません。

遺言状がある場合は，通常は，遺言状に記載されている通りに財産を分配するのですが遺留分（注１）を侵してはいけません。仮に侵していても，侵されている人から遺留分の減殺《げんさい》請求がなければ遺言状通りになります。

注１　遺留分とは，相続人が必ず相続できる財産の取り分で，その取り分は法定相続分の２分の１です。なお，この遺留分は配偶者（妻）直系卑属（子，孫）直系尊属（父，母）には認められていますが，兄弟姉妹には認められていません。

■ 退職金等と一緒に弔慰金《ちょういきん》等を取得した場合

弔慰金等（弔慰金，花輪代，葬祭料）は所得税，贈与税が原則として課されませんが，弔慰金等という名目で退職金が支給された場合は相続財産とみなします。この場合，本来の退職金と弔慰金の区別がはっきりしない場合は下記の金額を弔慰金等とみなします。

［１］　被相続人の死亡が業務上の死亡であるとき
　　普通給与×36か月分
［２］　被相続人の死亡が業務上の死亡でないとき
　　普通給与×６か月分

8 財産をもらったらかかる「贈与税」

1 課税対象

贈与契約に基づき贈与を受けた者は，**贈与金額が 1 年間で110万円を超えた場合**に贈与を受けた日の翌年 3 月15日までに贈与税を支払わなければなりません。

ただし，同一生計をしている扶養義務者から生活費，入学金，授業料等生活に通常必要なものとして贈与を受けても，贈与税の課税対象となりません。

なお，個人が法人から贈与を受けた場合は**一時所得**として**所得税**が課されます。また，法人が個人から贈与を受けた場合は，その金額を収入とします。

■ 名義貸しと贈与

父母が子供に金銭を贈与した場合において，贈与契約書もなく，また，その金銭が父母の自由な管理下におかれている時は，単なる名義貸しで，贈与とはいえません。例えば，子供の名義で定期預金をしたとしても，贈与後も定期預金の印鑑，住所等が贈与者（父母）のままであった場合などです。

■ 贈与税の特例

> ① 贈与税の配偶者控除――婚姻期間が20年以上の配偶者に居住用の土地建物を贈与する場合は2,000万円まで課税されません。
>
> ② 相続精算贈与課税制度――65歳以上の父母から推定相続人である20歳以上の子に2,500万円（住宅取得資金で一定の要件を備えていれば3,500万円）まで贈与しても贈与税は課されません。

ただし，一度この**相続精算贈与課税制度**を適用すれば，その年度以降通常の贈与として取り扱われません。

2 贈与税の計算方法

> 基礎控除後の金額（贈与金額－110万円）×税率－控除額

基礎控除後の金額	税率	控　除　額
200万円以下	10%	－
300万円以下	15%	10万円
400万円以下	20%	25万円
600万円以下	30%	65万円
1,000万円以下	40%	125万円
1,000万円超	50%	225万円

9 パート・アルバイトにかかる税金

1　パート・アルバイトの所得税

パート・アルバイトの収入は**給与収入**となります。ただし，給与収入が103万円以下であれば，給与所得控除と基礎控除により，所得税はかかりません。

2　各種控除

■ 配偶者控除と配偶者特別控除

サラリーマンの妻（または夫）がパートで得た給与収入が103万円以下であり，その他の収入がなければ，所得税は「０」です。その場合には，夫（または妻）の**配偶者控除**を受けることができます。

また，給与収入が103万円超～141万円未満の場合には**配偶者特別控除**の適用を受けることができます。ただし，夫の合計所得金額が1,000万円（給与の収入金額が約1,231万円）を超える場合は適用を受けることができません。

配偶者控除と配偶者特別控除の関係

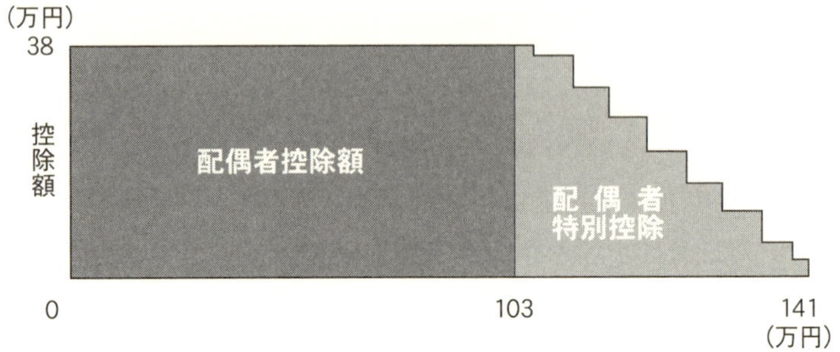

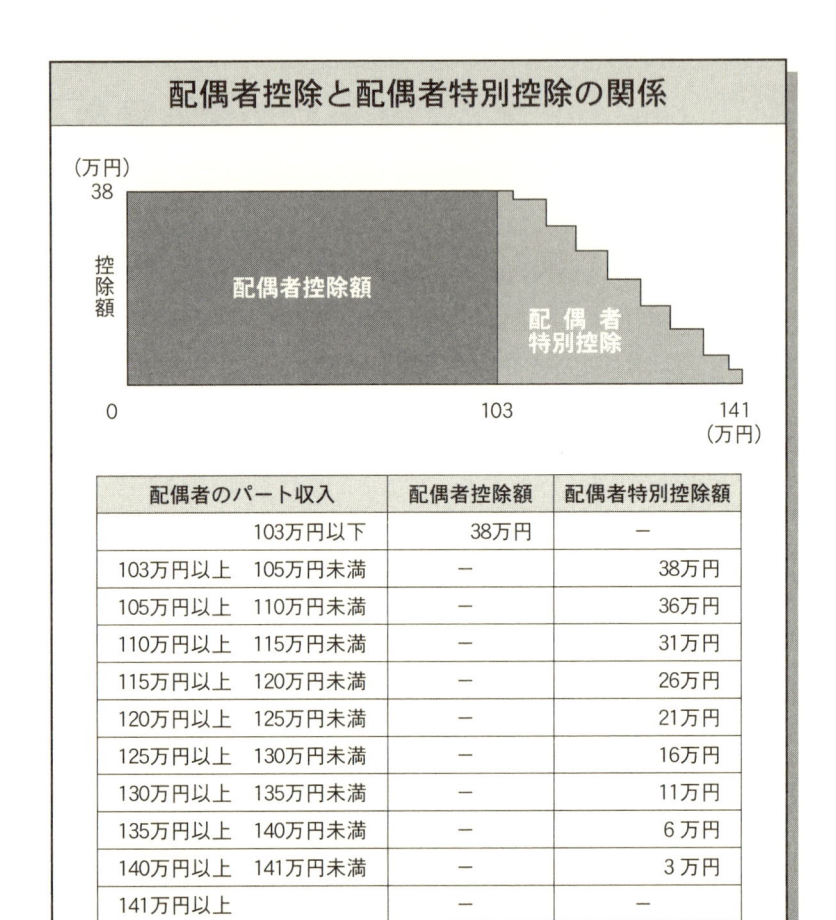

配偶者のパート収入	配偶者控除額	配偶者特別控除額
103万円以下	38万円	−
103万円以上　105万円未満	−	38万円
105万円以上　110万円未満	−	36万円
110万円以上　115万円未満	−	31万円
115万円以上　120万円未満	−	26万円
120万円以上　125万円未満	−	21万円
125万円以上　130万円未満	−	16万円
130万円以上　135万円未満	−	11万円
135万円以上　140万円未満	−	6万円
140万円以上　141万円未満	−	3万円
141万円以上	−	−

出所）　国税庁ホームページ「平成19年度・暮らしの税情報」

■ アルバイトに課す所得税と扶養控除

サラリーマンの子供（大学生など，16歳以上23歳未満の者）がアルバイトで得た給与収入が103万円以下であり，その他の収入がなければ，所得税は「０」です。その場合には，父の**特定扶養親族として63万円の控除**を受けることができます。

また，アルバイト先で所得税が源泉徴収されている場合には，給与収入が103万円以下であれば源泉徴収された所得税の還付を請求することができます。還付を請求する場合には，翌年２月16日から３月15日の期間に税務署に**還付申告書**を提出することが必要です（還付期間が過ぎても５年以内であればＯＫ！）。

■ 還付申告を実行しよう！

申告することにより**「税」**の仕組みが理解できて，お小遣いが増える，こんないいことはありません。

還付申告のために用意するもの

①　源泉徴収票
②　認　　印
③　振込み口座（通帳）
④　所轄税務署（申告書の提出先）の確認

■ 勤労学生控除

納税者が勤労学生に該当する場合に受けられる所得控除です。

１．控除額　　　27万円
２．勤労学生とは
　①　給与所得など勤労による所得があること。
　②　合計所得金額が65万円以下で，勤労によらない所得が10万円以下であること。
　③　特定の学校学生や生徒であること（学校教育法に規定する大学など）

勤労学生の場合，給料やアルバイトの収入が130万円までは所得税がかかりません。

ただし，130万円もの収入があると，上の103万円を超えるため，父の扶養親族から除外され，結果として父の所得税が多くなることもあるので，どちらが良いか検討する必要があります。

10 マイホームを買ったとき・売ったときの税金

一生の中で一番大きな買い物は，マイホームの購入ではないでしょうか？ 夢にまでみた自分の家を買うとなれば資金の調達に苦労するものです。まず購入するときにかかる税金あれこれと，節税につながる制度について考えてみます。

1　マイホームを買ったときの税金

■印　紙　税

マイホームを買うには売主と契約書を取り交わします。契約書作成のときに印紙税がかかります。またマイホーム購入にあたり銀行から借入れをする場合ローン契約書を作成します。そのときにも印紙税がかかります。

税　額　表（抜粋）　(平成21年３月現在)

マイホームの売買契約書		ローンの契約書	
契約金額	税額	契約金額	税額
100万円を超え 500万円以下	2,000円	100万円を超え 500万円以下	2,000円
500万円を超え1000万円以下	10,000円	500万円を超え 1000万円以下	10,000円
1000万円を超え5000万円以下	15,000円	1000万円を超え5000万円以下	20,000円
5000万円を超え　1億円以下	45,000円	5000万円を超え　1億円以下	60,000円
1億円を超え　5億円以下	80,000円	1億円を超え　5億円以下	100,000円
5億円を超え　10億円以下	180,000円	5億円を超え　10億円以下	200,000円

注）　マイホームの売買契約書の印紙税は平成23年３月31日までに作成されるものに適用されます。

■ 登録免許税

売買が成立すれば代金を支払うことにより，マイホームを自分名義にするための手続きをします。そのときに登録免許税がかかります。ローンを利用する場合は，抵当権（担保）の登記をしますのでそれにも登録免許税がかかります。ただしマイホームには税金を軽くするための特例があります。

税　額　表（抜粋）

（平成21年３月現在）

登記の種類・原因	土地	建物	注1 マイホームの特例
①　所有権の保存登記	注2 評価額×0.4%		評価額×0.15%
②　売買による所有権の移転登記	評価額×1.0%	評価額×2.0%	評価額×0.3%
③　抵当権の設定登記	評価額×0.4%		評価額×0.1%

注１　マイホームの特例利用は平成23年３月31日までの登記に適用されます。
注２　評価額とは，市町村において決定する固定資産台帳の登録価格になります。なお，新築の場合は，完成したときに市町村で決定します。

■ 不動産取得税

マイホームを取得しますと，不動産取得税がかかります。通常は登録してから半年位してから支払います。

（住宅の場合）

固定資産税評価額に３％をかけた金額になります。ただし，一定の要件を満たすマイホームには税額の軽減措置がありますので所定の手続もしくは申告が必要になります。

《例》 延床面積50㎡以上，240㎡以下の住宅を新築した場合

（固定資産税の評価額－1,200万円）×３％＝税額
控除額

注）中古住宅の場合の控除額は，建築経過年数によって変わります。

（住宅用土地の場合）

住宅用土地については，平成22年３月31日までに土地を取得した場合は，固定資産税評価額の２分の１になります。また税額は固定資産税評価額の３％をかけた金額になります。

■ 所得税の控除

⑴ 住宅ローン控除

マイホームを取得するために10年以上のローンを組んだ場合，住宅ローン残高の一定割合の所得税額を控除できます。

① 住宅の取得等をして平成21年から25年までの間に居住の用に供した場合の控除期間，住宅借入金等の年末残高の限度額および控除率は次のとおりです。

居住年	控除期間	住宅借入金等の年末残高の限度額	控除率	最大控除可能額
平成21年	10年間	5,000万円	1.0%	500万円
平成22年	10年間	5,000万円	1.0%	500万円
平成23年	10年間	4,000万円	1.0%	400万円
平成24年	10年間	3,000万円	1.0%	300万円
平成25年	10年間	2,000万円	1.0%	200万円

② 長期優良住宅の普及の促進に関する法律に規定する認定長期優良住宅に該当する家屋で一定のもの（以下「認定長期優良住宅」といいます）

の新築または認定長期優良住宅で建築後使用されたことのないものを取得して，平成21年６月４日から平成25年12月31日までの間に居住の用に供した場合の特例を創設し，その控除期間，住宅借入金等の年末残高の限度額および控除率は次のとおりです。

居住年	控除期間	住宅借入金等の年末残高の限度額	控除率	最大控除可能額
平成21年	10年間	5,000万円	1.2%	600万円
平成22年	10年間	5,000万円	1.2%	600万円
平成23年	10年間	5,000万円	1.2%	600万円
平成24年	10年間	4,000万円	1.0%	400万円
平成25年	10年間	3,000万円	1.0%	300万円

※　なお，平成21年から平成25年までに入居し，所得税の住宅借入金等特別控除の適用をした人について，所得税から控除しきれなかった控除額を翌年度分の個人住民税から控除できます。ただし，個人住民税からの控除額はその年分の所得税の課税総所得金額等の５％（最高９万7,500円）が限度となります。

(2)　認定長期優良住宅新築等特別控除

認定長期優良住宅の新築または建築後使用されたことのない認定長期優良住宅を取得して，平成21年６月４日から平成23年12月31日までに住んだ場合は，認定長期優良住宅について講じられた構造および設備に係る標準的な費用の額（最高1,000万円）の10％をその年分の所得税の額から控除します。ただし(1)②の住宅ローン控除とは併用できません。

■消　費　税

マイホームを取得して代金を支払うとき土地には消費税がかかりませんが，建物と不動産業者等に支払う仲介手数料には消費税５％がかかります。

2　マイホームを売ったときの税金

土地や建物を売ったときは，譲渡所得に対する税金がかかります。この譲渡所得税は，分離課税といって給与所得などの他の所得と区分して計算します。ただし，確定申告の手続は，他の所得と一緒に行うことになります。また，売った土地や建物の所有期間が，売った年の1月1日現在で5年を超えるかどうかにより，適用する税率が異なります。5年を超える場合「長期譲渡所得」といい，5年を超えない場合は「短期譲渡所得」といいます。

なお，所得税のほか住民税がかかります。

	所得税税率	住民税税率
課税長期譲渡所得	15％	5％
課税短期譲渡所得	30％	9％

マイホームを売却したときは，その売却益から最高3,000万円の特別控除をすることができます。したがって売却益（譲渡価額－取得費－譲渡費用＝売却益）が3,000万円以下であれば税金の心配はありません。ただし，申告期限までに確定申告書を税務署長に提出することが必要になります。

売却して利益が出たとき（不動産の譲渡金額＞不動産の取得金額）

⇨　3,000万円の特別控除

（不動産の譲渡金額＞不動産の取得金額＋譲渡費用　の場合）

11 誰もが負担する「消費税」

事業者から商品を購入したりサービス（役務）の提供を受けた人は，非課税となる取引を除いて消費税を負担することとなります。

消費税は５％と言われていますが，国税である**消費税４％**と，地方税である**地方消費税１％**で構成（以下，地方消費税も含めて「消費税」といいます）されています。

■ 消費税の計算方法と納税

消費税は，基準期間の課税売上高が1,000万円を超える事業者が，次の算式により納付税額を計算します。

一般的な消費税納付税額の計算方法

納付すべき消費税額＝課税期間中の課税売上に係る消費税額
　　　　　　　　　　－課税期間中の課税仕入に係る消費税額

地方消費税の納付税額の計算方法

納付すべき地方消費税額＝納付すべき消費税額×25％

KEYWORD

基準期間――課税事業者か免税事業者か，あるいは簡易課税制度を適用できるかを判断するときの基準となる期間です。個人事業者の基準期間は，課税期間の前々年をいい，法人の場合は，法人事業年度の前々期をいいます。

課税期間――消費税および地方消費税の納付税額を計算する単位となる期間をいいます。原則として，個人事業者の課税期間は，暦年（1月1日から12月31日）で，法人の場合は，事業年度をいいます。

課税売上高――消費税が課税される取引の売上金額（消費税及び地方消費税を除いた税抜き金額）と，輸出取引などの免税売上額の合計額です。

課税売上げ――次の4つの要件をすべて満たす取引の売上げをいいます。

1　国内において行う取引（国内取引）であること
2　事業者が事業として行う取引であること
3　対価を得て行う取引であること
4　資産の譲渡，資産の貸付または役務の提供であること

非課税取引――土地の譲渡や貸付け等，**課税対象としてなじまないもの**や，社会保険医療の給付等，**社会政策的な配慮に基づいて課税しない**取引をいいます。

■ 簡易課税制度

基準期間の課税売上高が5,000万円以下で，「消費税簡易課税制度選択届出書」を提出している場合に適用されます。

簡易課税制度では，課税売上げに係る消費税額に，みなし仕入率を掛

けて，課税売上げに係る控除する消費税額を計算します。

そこで，実際の課税仕入れに係る消費税額を計算する必要はありません。

みなし仕入率の表

事業の内容	事業区分	みなし仕入率
卸　売　業 購入した商品を性質，形状を変更しないで他の事業者に販売する事業	第１種	90%
小　売　業 購入した商品を性質，形状を変更しないで，消費者に販売する事業 なお，製造小売業は第３種事業になります。	第２種	80%
製 造 業 等 農業，林業，漁業，建設業，製造小売業，電気業，ガス業，熱供給業，水道業 なお，加工賃等の料金を受け取って役務を提供する事業は第４種事業	第３種	70%
その他の事業 第１種事業から第３種事業，第５種事業のいずれにも該当しない事業（飲食店業，金融保険業などが該当） 事業者が業務用固定資産を売却する場合も第４種事業	第４種	60%
サービス業等 不動産業，運輸，通信業，サービス業（飲食店業に該当する事業を除きます）	第５種	50%

12 旅行に出かけたらかかる税金

浜松に住む静岡太郎と花子は，「行楽の秋」を楽しむべく新幹線を使って1泊旅行に行くことにしました。目指すは“相模湾の海の幸”と“大湯間歇泉《かんけつせん》”で有名な熱海温泉。浜松から1時間30分位でいける距離です。

①**切符**を買って浜松出発10時19分の新幹線に乗りました。熱海には11時27分に着き，タクシーでホテルまで行き，荷物をホテルに預けて熱海の海岸を散策にでかけました。快晴の空の下，広々とした相模湾を眺めながら，錦ヶ浦自然郷，お宮の松，熱海城を見て廻り夕方の5時頃にはホテルに戻りました。

ホテルでは，冷えた体を温めるために早速，②**入浴**です。さすが温泉地，沢山の湯につかっていると日ごろのストレスもすっ飛びます。入浴後は，“鯛や平目の海の幸”の夕食を前に③**ビール**を注文しました。少し疲れたので，早めにお休み……。

翌朝7時に起床し，アジの干物と温泉玉子の朝食の後，朝日を浴びながらいよいよ出発です。その前に④**宿泊の精算**をしなければなりません。仕事仲間に，熱海の名産品“アジの干物，温泉饅頭”の⑤**お土産**を買ってから，熱海カントリークラブで，⑥**ゴルフプレー**を楽しみました。行楽の秋は満足のいく楽しい一日となりました。

■ 切符を買えば「消費税」

さて，楽しかった旅行も振り返ってみれば，税金を抜きには語れません。どのような税金が課されているのかを調べてみましょう。

切符を買えば「消費税」が課されます。

乗車券2,500円，特急券2,410円，合計4,930円。

4,930円のうちには，234円の消費税（4,930円×５／105）が含まれています。

料金に消費税を含めて表示する方式を「内税方式《うちぜい》」といいます。公共料金である電車料は，税込価格で表示されていますから，内税方式です。

これに対して，**料金に消費税を含めずに表示する方式を，「外税方式《そとぜい》」**といいます。この本の裏表紙を見てください。「定価（本体○○円）（税別）」と書かれています。書籍は外税方式が採られているのです。

■ 入浴《にゅうよく》すれば「入湯税《にゅうとう》」

温泉に入れば，入湯税が課されます。熱海温泉の入湯税は，１人150円です（温泉所在地により異なります）。この税は，入浴に際して浴場の経営者が徴収して市区町村に納めます。

ビールには，「酒税」が課されます（旅館の小売価格は別途価格）。

ビール（350mℓ）の小売価格が230円としますと，そこには，酒税が77円，消費税が10円含まれています。

ビールの本体価格は，

230－(77＋10)＝143円

となります。ちなみに，日本酒（1.8ℓ）の小売価格が1,650円としますと，そこには酒税が216円，消費税が78円含まれています。

お酒の本体価格は，

1,650－(216＋78)＝1,356円

となります。

焼酎（700mℓ）の場合は，小売価格が1,050円としますと，酒税が175円，消費税が50円です。本体価格は，

1,050－(175＋50)＝825円　となります。

宿泊費には「消費税」

宿泊料が一人21,000円（料理，ビール，宿泊，サービス料含む，内税方式），入湯税が150円（消費税は不課税取引）としますと，宿泊費には，

21,000×５／105＝1,000円　の消費税がかかります。

ホテルへの支払いは，

合計で，(21,000＋150)×２人＝42,300円　となります。

お土産には「消費税」が課されています。

アジの干物，温泉饅頭のお土産合計10,500円

消費税　10,500×５／105＝500

合　計　10,500円

ゴルフをすれば「ゴルフ場利用税」

ゴルフ場の利用税は，静岡県の場合，１人１日800円です（都道府県により異なります）。

プレー料金とともにゴルフ場がプレーヤーから徴収して都道府県に納めます。また，税収のうち70％がゴルフ場の所在する市区町村に交付されています。

プレー代が１人10,500円として，昼の食事が１人2,100円，ゴルフ場利用税が一人800円（消費税は不課税取引）としますと，

消費税は　(10,500×２人＋2,100×２人)×５／105＝1,200円

合　計　(10,500＋2,100)×２人＝25,200円　となります。

13 仲間と乾杯したらかかる税金

居酒屋に仲間が集まりました。「とりあえず何飲む？」―「私，ビール。」「おれ，日本酒がいいな～。」「サワーにしようかな？」「たまには，ワインにしよう。」といって，「かんぱ～い！」となります。

「かんぱ～い！」しますと飲んだビールやお酒の代金とともに，酒税という税金も払っているのです。お酒の種類によって税額が異なります。税金は高くてもおいしいお酒を飲みたいという人もいますし，税金の低いお酒がいいという人もいます。

日本では，居酒屋だけでなくスーパーマーケットや酒屋には，ビール，日本酒やワインだけでなく，発泡酒や第３のビールなどたくさんのお酒が販売されています。発泡酒や第３のビールは，この酒税を安くするために開発されました。

さて，**酒税法における酒類**とは，「アルコール１度以上の飲料」で，粉末を溶解してアルコール度１度以上の飲料とすることができる粉末状（粉末酒）のものも含まれます。

製法等によって４種類に分類し，その分類ごとに，次のように異なる税率が適用されます。

発泡性酒類	ビール，発泡酒，その他の発泡性酒類 （ビールおよび発泡酒以外の酒類のうちアルコール分が10度未満で発泡性を有するもの）
醸造酒類	清酒，果実酒，その他の醸造酒
蒸留酒類	連続式蒸留しょうちゅう，単式蒸留しょうちゅう，ウィスキー，ブランデー，原料用アルコール，スピリッツ
混成酒類	合成清酒，みりん，甘味果実酒，リキュール，粉末酒，雑酒

ちなみに，スーパーマーケットでみかける「**みりん風味調味料**」は文字どおりみりん風味であって，本来のみりんではなく，アルコール度が１％未満とほとんど含まれず，酒税法の対象外になっています。

■ 酒税はいつ払うか？

酒税は，酒類の製造者が酒類を製造場から移出したときや酒類を引き取る者（輸入する場合など）保税地域から酒類を引き取ったとき支払義務が発生します。お酒を飲む人や酒屋で買う人が直接支払うわけではありません。しかし，その税金は，お酒の販売価格に転嫁されますから，実際に税を負担するのは，お酒を飲む消費者です。

■ 酒税率

酒税の税率は，酒類によって１kℓ（1,000リッター，１立方メートル）当たりの税率で決まっています。また，酒類によっては，アルコール度数が１度増えるごとに加算される場合があります。

区　　　分		税率（1 kℓ当たり）
発泡性酒類		220,000円
	発泡酒（麦芽比率25～50％未満） 発泡酒（麦芽比率25％未満）	178,125円 134,250円
	その他の発泡性酒類 （ホップ等を原料としたもの（一定のものを除く。）を除く。）	80,000円
醸造酒類		140,000円
	清酒	120,000円
	果実酒	80,000円
蒸留酒類		（アルコール分20度） 200,000円
	ウイスキー・ブランデー・スピリッツ	（アルコール分37度） 370,000円
混成酒類		（アルコール分20度） 220,000円
	合成清酒	100,000円
	みりん・雑酒（みりん類似）	20,000円
	甘味果実酒・リキュール	（アルコール分12度） 120,000円
	粉末酒	390,000円

（財務省ホームページより）

ビールは，麦芽《ばくが》率によって税率が異なります。このため発泡酒のように麦芽率を抑えたものが開発されました。また「第3のビール」や「第3の生」と呼ばれるビール風味のアルコール飲料は，原料を麦芽以外にして「その他の発泡性酒類」にする方法や発泡酒に別のアルコール飲料（小麦スピリッツや大麦スピリッツなど）を混ぜ「リキュール」にして酒税を低くし，販売単価を低くしています。

■ 酒税以外にかかる税金

（消　費　税）

お酒を購入するときや居酒屋で飲むお酒には，酒税を含んだお酒の代金にさらに５％の税金がかかります。そうすると缶ビール（350mℓ）１本が205円としますと税金は，酒税が77円，消費税が10円で税金だけで87円となります。すなわち缶ビールの価格のうち42％が税金となります。

（関　　　税）

ワイン，ウィスキー，ブランデーなど輸入されるお酒は，酒税の他に輸入業者が関税を支払っています。１ℓ当たりの税率等で決められ，例えばワイン１ℓ当たり64円となっています。

お酒は，「上戸《じょうご》（酒好きの人のこと）」にとっては生活に欠かせないものですが，未成年者や「下戸《げこ》（お酒を飲まない人のこと）」にとっては「なくても困らない」ものです。お米やみそ・醤油などのような生活必需品とは違い，嗜好《しこう》品や贅沢《ぜいたく》品ともいえますので，それ相応の税金をかけているのです。

「かんぱ～い！」のたびに負担する税金のことを考えると，おいしいはずのお酒がまずくなってしまいます。しかし，「かんぱ～い！」は，国や地方自治体の財政（税収）を支援することにもなります。どうせ呑《の》むなら，気持ちを大きく，「ニッポンのため」「わが愛する○○県のために」「かんぱ～い！」しようではありませんか。

14 ドライブに出かけたらかかる税金

浜松に住む静岡太郎と花子は，「初夏の一日」を楽しむべく日帰りのドライブに自家用車で出かけました。目指すは愛知県の三河湾を望む“ラグーナ蒲郡《がまごおり》”です。

ここは，多彩な海の魅力を体験できる，まさに“遊ぶ，憩《いこ》う，癒《いや》される”シーサイドの複合施設です。浜松から約100km，東名高速道路を利用すれば1時間位でいける距離です。

出発前に①**ガソリン**を満タンにしました。浜松ＩＣから東名高速道路に入り音羽蒲郡ＩＣまでの約50kmを利用して②**高速料金**を精算しました。ＩＣからオレンジロード247号を利用してのコースとなりました。行く途中にコンビニで一休みしたついでに③**タバコひと箱**（300円）を買いました。

ラグーナ蒲郡に到着後，④**入園料金**を支払って，アトラクションである「コースター」，「アクアウインド」，「マジクエスト」等々を楽しみ，それからランチ（牛フィレステーキとしめじクリームソース，⑤**昼食料金**）をとりました。楽しんだ後は，肌になめらかな“ラグーナの湯”でゆっくりと心と体を癒しました。

なお，⑥**入浴料金**は別途支払いました。

帰りは，三河湾に沈む夕日を見ながらのドライブで“楽しい初夏の一日”となりました。

さて，楽しかったドライブも振り返ってみれば，税金を抜きには語れません。どのような税金が課されているのかを調べてみましょう。

■ ガソリンを入れると「消費税」「揮発油税」「地方道路税」

ガソリンを100Ｌ入れて満タン，18,000円でした。ガソリン価格には，消費税が購入価格の５％，揮発油税（国税）48.6円，地方道路税5.2円（国税）（１ℓ当たり）含まれます。

(48.6＋5.2)×100＝5,380円　揮発油税，地方道路税

(18,000－5,380)×５／105＝600円　消費税

(18,000－5,380－600)＝12,020円　ガソリン本体価格

高速料金は，1,450円でした。1,450円のうちには，1,450円×５／105＝69円の消費税が含まれています。**料金に含まれる消費税の課税の方式を「内税方式」といいます。**つまり，公共料金である高速料金は，税込価格で表示されています。また，**料金に含まれない消費税の課税の方式を「外税方式」といいます。**

1,450－69＝1,381円（高速料金本体価格）

■ タバコは「各種たばこ税」と「消費税」

タバコは１箱，300円でした。タバコ価格には「国たばこ税，地方たばこ税（都道府県たばこ税　市区町村たばこ税），たばこ特別税，消費税」が課税されます。

タバコ価格（300円）

国たばこ税　71.04円，地方たばこ税　87.44円（都道府県たばこ税21.48円／市区町村たばこ税65.96円），たばこ特別税　16.40円，消費税14.29円 → 税負担合計　189.17円

300－189.17＝110.83円（たばこ本体価格）

入園料金は（入園＋アトラクションフリー）で4,000円でした。

入園料には「消費税」が含まれています（内税方式）。

4,000円のうちには，4,000円×５／105＝190円の消費税が含まれています。

4,000円－190円＝3,810円　入園料金本体価格

昼食料金は，ランチ4,095円でした。

昼食料金には「消費税」が含まれています（内税方式）。

4,095円のうちには，4,095円×５／105＝195円の消費税が含まれています。

4,095円－195円＝3,900円（昼食料金本体価格）

入浴料金は1,200円でした。温泉に入浴すれば「入湯税」が課税されます。

愛知県の入湯税は，１人150円です（温泉所在地により異なる）。

入浴に際して浴場の経営者が徴収して市区町村に納めます。入湯料金は，不課税取引とされ消費税は課税されません。

1,200－150＝1,050円（入浴料金本体価格）

15 こんな税金もある――もろもろの税金

■ ゴルフ場利用税（都道府県税・普通税）

この税金はゴルフ場の利用者に対してゴルフ場が所在する都道府県が課税します。1人1日につき400円から1,200円です（標準税額は1人1日につき800円となっています）。ただし，18歳未満の人または70歳以上の人，身体障害者手帳を持っている人は税金がかかりません。ゴルフ場の経営者が特別徴収義務者として利用者から徴収した税金を都道府県の条例で定める日（通常，翌月の15日）までに納入します。

■ 入湯《にゅうとう》税（市町村税・目的税）

この税金は温泉の利用者に対し市町村がかけます。温泉好きな方にはちょっと負担かもしれません。この税は，観光施設の整備や観光の振興に要する費用にあてるための**目的税**です。1人1日につき150円です。なお，一般の公衆浴場などの場合は免除されています。この税金も温泉の経営者が特別徴収の方法によって納入します。

■ 酒　税（国税）

この税金は，清酒，ビール，ウィスキーなどの酒類にかけるものです。酒税の対象となる酒類は，酒類と品目に分類され，販売などのために製造場から出荷されるときにかかる税金です。例えばビール発泡酒等の発泡性酒類は1kℓ当たり22万円（大びん1本当たり約140円），清酒1kℓ当たり12万円というように細かく定められています。酒類の製造業者が申告して納めることになります。

■ たばこ税（国税，都道府県税，市町村税）

この税金は，紙巻たばこやパイプたばこなどの各種のたばこにかかる税金です。納めるのはたばこの製造者です。

たばこについては，国税としての**たばこ税**および**たばこ特別税**，地方税として道府県が課する**道府県たばこ税**および市町村が課する**市町村たばこ税**と３つの団体より税金がかけられています。

平成20年現在で国の税率は1,000本当たり4,372円（20本入り１箱87.44円）です。ただし『わかば』や『しんせい』等の低価格品については1,000本当たり2,075円（１箱41.5円）に軽減されています。道府県たばこ税（1000本当たり1,074円）と市町村たばこ税（1,000本当たり3,298円）を合算した税額は国税と同額で，たばこ税の合計は1,000本当たり8,744円（１箱当たり174.88円，１本当たり8.744円）になります。

なお，東京都の場合については，税額は同じですが，東京都が**都たばこ税**と**区市町村たばこ税**を課しています。

■ 印紙税（国税）

この税金は，取引において作成される契約書，受取書，通帳などのような文書に対して課される税金です。文書の種類や記載金額に応じて定められている税率によって税額を算定します。例えば売上代金に係る受取書の場合，３万円未満は非課税で，100万円以下は200円，200万円以下は400円，300万円以下は600円，500万円以下は1,000円など10億円以下まで金額別に規定されています。

納税は，印紙税の課税される文書の作成の時までにその文書に税額分の収入印紙を貼《は》り，これに押印または署名により消印して行います。ただし金銭で納付する方法もあります。

■ 関　税（国税）

この税金は輸入品について課される税です。輸入品は関税を課されることにより，その分だけコスト高となりますから国産品に対して競争力が低下します。このことより関税は国内産業保護という機能をもつとされています。

税率は，ＷＴＯ（世界貿易機関）の協定税率，関税定率法の基本税率などがあります。納める者は貨物の輸入者ですが，納め方は申告納税方式と賦課課税方式の２通りあります。

16 ふるさと納税

みなさんの中で，「**納税**」という言葉にあまり関心のない人でも，「**ふるさと納税**」という言葉には，興味ありませんか？

■ いつできたの？

故郷を離れて暮らす人たちが，納める税金（住民税）の一部を，現在住んでいる土地ではなく，生まれ育った「ふるさと」に回して，ふるさとの活性化に役立てて欲しいという声が多く寄せられていました。そこで，**平成20年の税制改正**において，**個人住民税を対象**に「ふるさと納税」が実現しました。

■ ふるさと以外でも寄附できる？

アルバイト等でがんばりすぎた学生さんを除き，大半の学生さんは住民税が課されていないと思いますが，卒業して，**就職**しますと，多くの人は仕事に就いて**2年目から県民税や市民税という地方税を負担**します。

生まれ故郷を離れて暮らすことになったり，好きな街やサポーターになりたい地域がある人にとっては，同じ税金を払うなら，「**生まれ故郷**」や「**財政的に困窮している市町村**」に回したいと考えるかもしれません。ふるさと納税は，そうした人たちの希望から生まれた制度です。

導入の背景には，都市部と地方との格差が広がり，一部の地方自治体が十分な住民サービスを行うことが難しくなったということがあります。自分が生まれ育った街や村が寂れていくのを傍観できないとか，今住んでいる街は財政的に豊かなので，「**財政的に困窮している町や村を支援し**

たい！」という人もいます。

■ どれくらい軽減になるの？

ところで，「ふるさと納税」という言葉ばかり先行しているため，実際にどのような制度か知らない方も多いと思います。実は，「ふるさと」は，必ずしも「生まれ故郷」ではなくても構いませんし，「納税」といっても，「税金を納める」わけではありません。少し詳しく説明します。

実際は，地方公共団体に対し寄附を行い，寄附金額が5千円を超える場合，その超える金額に関して寄附を行った者の住民税から税金を控除するというものです。

税の軽減額の計算方法

個人住民税軽減額（基本控除額＋特例控除額）
　基本控除額
　　（年間寄附額－5,000円）×10％
　特例控除額
　　（年間寄附額－5,000円）×（90％－所得税の限界税率）
　　　　　　　　　　　　　　　　　　＜0～40％＞

※　特例控除額については，個人住民税所得割額の1割が限度になります。

＜計算例＞

（条　件）

年収　7,000,000円　課税所得金額　2,935,000円

年間寄附額　40,000円　所得税の限界税率　10％

個人住民税所得割額　293,500円

（計　算）

基本控除額　(40,000円－5,000円)×10％＝3,500円

特例控除額　(40,000円−5,000円)×(90%−10%)＝28,000円

個人住民税の税額控除額　3,500円＋28,000円＝31,500円

個人住民税割額　293,500円−31,500円＝262,000円

注)　あくまでも参考ですので，詳しくは各自治体の担当課まで問い合わせください。

■ ふるさと納税の課題

いいことずくめのように見えるこの「ふるさと納税」にも問題点があります。納税者が寄附をするかしないか，どの自治体に寄附を行うか，毎年寄附するかどうか，などは読めません。自治体として「**当てにできない**」という問題があります。

先にも述べましたが，実際には「ふるさと納税」という言葉とは関係なく，ふるさと以外の地方自治体に寄附を行うことも可能です。そのため，各自治体では，「ふるさと納税」を行った納税者に，県の名産品をプレゼントするなど，各自治体とも誘引に必死になっています。

「ふるさと納税」で芦屋市が大幅減収？

地方自治体の立場からしますと，ふるさと納税の制度は両刃《もろは》の剣かもしれません。「ふるさと納税（寄附）制度」をめぐり，いくつかの自治体が頭を悩ませているようです。ここでは，兵庫県芦屋市の話を紹介します。

芦屋市といえば高級住宅地というイメージがあります。市内には，プロ野球選手など市外出身の高額所得者がたくさん住んでいます。もしも，この人たちが，相次いで自分のふるさとなどへ高額の寄附をするようなことにでもなれば，市としては億単位の大幅減収となります。

市は，平成７年の阪神大震災の影響がいまも続き，高級住宅地のイメージとは裏腹に財政事情は「火の車」だといわれています。かといって寄附を止めることはできず，担当者は「芦屋出身者の寄附に期待するしかない」と話しているそうです（産経新聞平成20年６月12日）。

皆さんなら，どこに寄附（ふるさと納税）しますか。自分が生まれ育った街，学生時代を過ごした思い出多き街，老いた父母が住んでいる街，単身赴任の身なので家族が暮らしている街，財政が困窮している街，考えるだけでも楽しいですね。

17 電子申告・納税（e-Tax）

電子申告は，電子政府構想の中核を担っている手続きです。コンピュータやインターネットを活用した多様かつ質の高い公共サービスの提供を通じて国民生活の質の向上を図るため，**電子政府**の実現に向けた施策です。

具体的には，財務省の**国税電子申告・電子納税**，地方公共団体の**地方税電子申告・電子納税**，厚生労働省の**労働保険適用徴収・電子申請システム**があります。ここでは，国税電子申告・電子納税システムを中心に解説します。

■ e-Tax と eLTAX

e-Tax（**イータックス**）は，国税電子申告・電子納税システムをいいます。このシステムを利用して**所得税・法人税・消費税・酒税・印紙税**の申告のほかに国税関係の申請・届出手続きおよび全税目の納税ができます。

従来は，金融機関の窓口で納税するとか，口座引き落としで納税していましたが，e-Taxではインターネットバンキングを利用して納税できるようになりました。

申　　告	所得税，法人税，消費税，印紙税，酒税
納　　税	すべての税目の納税
申請・届出	青色申告の承認申請 納税証明書の交付請求等

この電子申告を利用するには，電子署名用の電子証明書を保有していなければなりません。

eLTAX（エルタックス）は，**地方税電子申告システム**といわれます。**法人住民税・法人事業税・償却資産税・法人事業税・都道府県民税・事業所税・個人住民税**等の届出等および納税ができます。このシステムを利用できるのは，現在のところ，47都道府県と1,200市町村（平成21年1月現在）に限定されているのが実態です。

e-Taxを利用できる人
1　税務関係の手続きを行う納税者 2　税理士および税理士法人などの税理士業務を行う者

e-Taxを利用するために必要なもの
1　パソコンとインターネットが利用できる環境 2　電子署名用の電子証明書（電子証明書がＩＣカードで発行される場合は，ＩＣカードリーダーライター）

e-Taxのメリット

最高5,000円の税額控除

平成20，21，22年分の所得税の確定申告書の提出を本人の電子署名および電子証明書を付して，e-Taxを利用して行うと，所得税額から5,000円の控除を受けることができます（1回のみの適用）。

添付書類が提出不要

所得税の確定申告書をe-Taxを利用して行う場合には，医療費控除の領収書，源泉徴収票等の添付書類は記載内容を入力して送信することにより，その書類の提出または提示を省略することができます（確定申告期限から3年間は，添付書類の保存義務があります）。

■電子納税

電子納税は，自宅にいながら国税の納付手続きが可能となることから，金融機関の窓口まで出向くことなく，場所，時間的な制約がなくなるというメリットがあります。

電子納税は，領収書が発行されません。領収書が必要な方は，窓口に納付書を持参して納付してください。

電子納税には，**e-Taxソフト**を使用して納付情報データを作成してe-Taxに登録する登録方式と，e-Taxに登録を行わず納付目的コードを作成して行う入力方式の２方法があります。いずれの方式でも納付手段は，**インターネットバンキング・モバイルバンキング・ＡＴＭ**のいずれかの方法によります。

登録方式では，全税目が対象となり，全ての税務署で納付可能です。入力方式では，所得税，法人税，消費税の税目に限られ，納付は開始届出書を提出した税務署に限定されています。

18 交際費と税金

■ 企業会計上の取り扱い

法人が，その得意先や仕入先など事業に関係のある者に対して接待や供応，贈答などのためにする支出を**「交際費」**といい，**企業会計上は費用**となります。

■ 税務上の取り扱い

税務上は，**交際費等**として次のように取り扱われます。

⑴　個人の場合は，全額必要経費になります。
⑵　法人の場合は，次のような取り扱いとなります。

資本金の額 または出資金の額	損金不算入額
1億円以下	600万円までの10％＋600万円超の全額
1億円超	全額

法人の場合は，原則，損金とならず，資本金1億円以下の法人に限って一部損金算入を認めています。

法人に対する交際費等の損金不算入制度は，1954（昭和29）年に租税特別措置法として創設されましたが，その目的は，冗費の節約等にあるとしています。

交際費等（平成18年度分会社標本調査）

（交際費等支出額）　（損金不算入額）

法人数	金額（百万円）	損金算入限度額（百万円）	法人数	金額（百万円）
2,193,083	3,681,605	1,788,711	2,193,083	1,892,894

出所）平成20年6月，国税庁長官官房企画課資料より

法人に対する交際費等の課税をなくしますと，税収は減るかもしれませんが，消費を促す景気浮揚策となって日本経済には有効に働き，結果として税収が増えるとも考えられます。みなさんはどう思いますか。

■ 税法上の交際費等の範囲

税務上，交際費等としては，**交際費**，**接待費**，**機密費**その他の費用で，法人が，その得意先，仕入先その他事業に関係のある者等に対する**接待**，**供応**，**慰安**，**贈答**その他これらに類する行為のために支出するものをいうとしています。

ただし，次に掲げる費用は，交際費等の範囲から除かれています。

交際費等の範囲に入らない費用

① 専ら従業員の慰安のために行われる運動会，演芸会，旅行等のために通常要する費用
② 専らその法人の役員や従業員またはこれらの親族に対する接待等のために支出するものを除いた飲食その他これに類する行為のために要する費用で，1人当たり5,000円以下の金額
③ カレンダー，手帳，扇子，うちわ，手ぬぐいその他これらに類する物品を贈与するために通常要する費用
④ 会議に関連して，茶菓，弁当その他これらに類する飲食物を供与するために通常要する費用
⑤ 新聞，雑誌等の出版物または放送番組を編集するために行われる座談会その他記事の収集のために，または放送のための取材に通常要する費用

■ 交際費等の範囲についての判例

従来から，交際費等の範囲をめぐっては，法人と課税庁との間で争いがありますが，平成15年9月9日の萬有製薬事件の控訴審（東京高裁）判決は，租税特別措置法に規定する交際費等の範囲を厳格に文理解釈して，課税庁による恣意《しい》的な課税を排除しています。

その判決を紹介しますと，その支出が「交際費等」に該当するというためには，次の3つの要件を満たすことが必要と解されるとしています。

交際費の要件

① 「支出の相手方」が事業に関係ある者等であること
② 「支出の目的」が事業関係者等との間の親睦の度を密にして取引関係の円滑な進行を図ることであること
③ 「行為の形態」が接待，供応，慰安，贈答その他これらに類する行為であること

19 年金にも税金がかかる

長い間，お勤めご苦労さまです。やっと満員の通勤電車から解放されてやれやれというところですね。これからは，悠々自適の年金生活でしょうか。

ところで，もらう年金にも，所得税法の規定により，税金（所得税）がかかるんです（住民税もかかります）。年金生活も，税金のことを考えた計画性が必要ですね。

世の中では，公的（老齢）年金などと言っていますが，詳しくは**国民年金**，**厚生年金**，公務員や私学の教職員等が受け取る**共済年金**などがあります。

ほかに，企業が退職する従業員に支給する**適格退職年金**や個人年金保険契約に基づく**個人年金**がありますが，これらが支給されるときも税金がかかります。

なお，**障害年金**や**遺族年金**には課税されません。

以下，公的年金を受け取る場合の税金について説明します。

公的年金等をもらったすべての人に税金がかかるのではありません。その人の年齢と受け取った金額によってかかる場合とかからない場合があります。税金がかかる人は，**雑所得として確定申告**をする必要があります。

公的年金の場合は，受け取った年金の額から，「公的年金等控除額」を差し引いた額が課税対象となります。年金以外にも所得がある場合は，これを合算して，各種の所得控除を差し引いて課税所得を計算します。

受け取り時の年齢が65歳未満の人か65歳以上の人かによって計算が違います。所得税法は，暦年計算ですので１年間に公的年金等をいくら受け取ったかによって，次のように規定しています。65歳未満の人はその年分中に受け取る額が70万円以下ですと税金がかかりませんので，確定申告をする必要がありません。しかし，70万１円超を受け取りますと確定申告をする必要があります（次頁の速算表を見てください）。

また，65歳以上の人は，１年間に受け取った金額が120万円以下ですと税金がかかりませんが，120万１円超ですと確定申告をすることになります。人によって違いますが，公的年金等以外に所得（収入）がありますと，**総合所得**として計算され，税金がかかる場合もあれば還付される場合もあります。

公的年金等の支払を受けるときは，原則として収入金額からその年金の額に応じて定められている一定の控除額を差し引いた額に５％を乗じた金額が**源泉徴収**されていますので，源泉徴収票を大事に保管しておいて，確定申告時に源泉徴収された税額を精算してください。還付される場合があります。

公的年金等に係る雑所得の速算表（平成17年分以後）			
年金を受け取る人の年齢	公的年金等収入金額	割合	公的年金等控除額
65歳未満	700,000円まで	0％	0円
	700,001円から1,299,999円まで	100％	700,000円
	1,300,000円から4,099,999円まで	75％	375,000円
	4,100,000円から7,699,999円まで	85％	785,000円
	7,700,000円以上	95％	1,555,000円
65歳以上	1,200,000円まで	0％	0円
	1,200,001円から3,299,999円まで	100％	1,200,000円
	3,300,000円から4,099,999円まで	75％	375,000円
	4,100,000円から7,699,999円まで	85％	785,000円
	7,700,000円以上	95％	1,555,000円

計算例：65歳以上の人で，公的年金等を200万円受け取った場合，公的年金等に係る雑所得の金額は次のようになります。

2,000,000円（公的年金等受取額）×100％（割合）－1,200,000円（控除額）

＝800,000円（公的年金等の雑所得の金額）

エピローグ
——本書を読み終えた皆さんへ

税金と会計の話は，いったんここで終わりです。

「**税金と会計の旅行**」はいかがでしたか。税に関する新しい発見や使える知識に出会うことができたという読者もいるでしょうし，もっと詳しい税の世界を覗《のぞ》いてみたいという人や，早速，身近なところに事務所を構えている税理士に電話してみようという人もいることと思います。

税と会計が，これほど密接な関係にあることを知って，驚いた人もいそうです。そうです。税金も会計も，「**お金**」や「**財産**」のないところでは出番がありません。「お金」を稼いだり，「財産」を持っている人たち（会社も含めて）にとっては，税金は避けて通ることができません。

本書を読まれた皆さんなら，「**税を納める**」という義務との見返りに，「**納税者としての権利**」があることを知ったと思います。税は，国民や法人が納めるだけではなく，課税当局がそれを有効に活用して納税者に還元するというシステムなのです。

皆さんがこの本で，多少とも税に関する正しい知識を身につけることができたならば，執筆者一同，これ以上の幸せはありません。

本文の中でも書きましたが，税も会計も非常に複雑で，また，税法や会計基準がひんぱんに変わります。専門的な知識がないと，思わぬところで不利益を被ることもあります。

税と会計について，分からないことがあったり，専門家の意見を聞きたかったり，税務署から内容が理解できない通知が届いたりしたときは，まずは身近のところで事務所を構えている税理士・税理士法人に相談してみてください。

全国の税理士・税理士法人は，**日本税理士会連合会のホームページ**で，氏名・名称，事務所の所在地，電話番号などが公開されています（https://www.zeirishikensaku.jp/）。

本書の巻末に，全国の税理士会の住所と電話番号を載せていますので，税と会計について悩みごとや分からないことがありましたら，電話でもメールでも，ご相談ください。

ちなみに，日本税理士会連合会の編集による『やさしい税金教室』では，つぎのような場合には，税理士に相談するように勧めています。

- **事業を始めたい，会社を設立したい……**
- **個人事業を法人にしたい……**
- **帳簿のつけ方が分からない……**
- **今まで自分で確定申告をしてきたが，どうも難しくて……**
- **株式を売却して損が出たが……**
- **不動産を買い換えたい……**
- **マイホームを手に入れた……**
- **子供に住宅資金を出してやりたいが……**

- ・そろそろ相続対策を検討しなければ……
- ・親族が亡くなったが相続税はどうなるのだろうか……
- ・離婚で財産分与をするのだが……
- ・消費税の納税義務があるかどうか分からない……

どれかに該当するときは，まず，電話してみましょう。

話が複雑であったり，継続的に相談する必要があったり，税金の額が大きいか，関係者が多数になるといった場合には，税理士・税理士法人と**顧問契約**を結んだり，**相談料**を決めることも必要になります。顧問料や相談料は報酬規定や標準規定がありませんので，複数の事務所と相談するとか，顧問契約や相談内容にふさわしい金額を提示する事務所にお願いするなど，納税者が決める必要があります。

お　願　い

本書は，最新の税制・税法・会計基準に基づいていますが，入門書としての性格上，あまり詳しいことまでは書いてありません。また，税法や会計基準が変わることもありますので，詳しいことは各地の税務署か税理士にご相談ください。全国の税理士会の住所と電話番号を巻末の「付録」に掲載しましたのでご利用ください。日本税理士会連合会のホームページから，身近な地域の税理士事務所を探すこともできます。

付　録

全国税理士会一覧

日本税理士会連合会	東京都品川区大崎１－11－８ 日本税理士会館８階	03-5435-0931
北海道税理士会	札幌市中央区北３条西20－10－１	011-621-7101
東北税理士会	仙台市青葉区上杉２－２－40	022-222-0503
東京税理士会	東京都渋谷区千駄ヶ谷５－10－６ 税理士会館	03-3356-4461
東京地方税理士会	横浜市西区花咲町４－106 税理士会館７階	045-243-0511
関東信越税理士会	大宮市浅間町２－７	048-643-1661
北陸税理士会	金沢市北安江３－４－６	0762-23-1841
名古屋税理士会	名古屋市千種区覚王山通８－14 税理士会ビル４階	052-752-7711
東海税理士会	名古屋市中村区名駅南２－14－19 住友生命名古屋ビル22階	052-581-7508
近畿税理士会	大阪市中央区谷町１－５－１	06-6941-6886
中国税理士会	広島市中区袋町４－15	082-246-0088
四国税理士会	高松市番町２－７－12	0878-23-2515
九州北部税理士会	福岡市博多区博多駅南１－13－21 九州北部税理士会館３階	092-473-8761
南九州税理士会	熊本市大江５－17－５	096-372-1151
沖縄税理士会	那覇市前島２－21－13 ふそうビル10階	0988-62-5542

執筆者紹介

神奈川大学会計人会

狩野七郎　税理士
　元神奈川大学経済学部・同大学院経済学研究科講師
　（プロローグ，ＰＡＲＴ１[2]，ＰＡＲＴ２[7]）

渡邉　武　税理士
　元神奈川大学経済学部・同大学院経済学研究科講師
　（ＰＡＲＴ１[5]，ＰＡＲＴ３[4]，[19]）

今田正紀　税理士
　神奈川大学経済学部・同大学院経済学研究科講師
　（ＰＡＲＴ１[3]，[4]，ＰＡＲＴ２[4]，ＰＡＲＴ３[3]，[10]，[13]，[15]）

井上　功　税理士
　神奈川大学経済学部講師，同大学院経済学研究科講師
　（ＰＡＲＴ３[2]，[5]，[6]，[7]，[8]）

三縄昭男　税理士・公認会計士
　元神奈川大学経済学部・同大学院経済学研究科講師
　（ＰＡＲＴ２[3]）

宮澤純一　税理士
　神奈川大学経済学部・同大学院経済学研究科講師
　（ＰＡＲＴ１[1]，ＰＡＲＴ２[5]，ＰＡＲＴ３[1]，[9]，[12]，[17]）

益子良一　税理士
　元神奈川大学経済学部・同大学院法務研究科講師
　（ＰＡＲＴ２[6]，ＰＡＲＴ３[11]，[18]）

四方田彰　税理士
　神奈川大学経済学部講師，同大学院経済学研究科講師
　（ＰＡＲＴ２[2]，ＰＡＲＴ３[16]）

（執筆・監修）
田中　弘　神奈川大学経済学部教授・博士（商学・早稲田大学）
　（プロローグ，ＰＡＲＴ２[1]，エピローグ）

著者との契約により検印省略

平成21年11月1日　初版第1刷発行
平成22年12月1日　初版第2刷発行

税務会計入門

著　者　狩野七郎
渡邉　武
今田正紀
井上　功
三縄昭男
宮澤純一
益子良一
四方田彰
田中　弘(監修)

発行者　大坪嘉春

印刷所　税経印刷株式会社

製本所　株式会社　三森製本所

発行所　東京都新宿区下落合2丁目5番13号　株式会社　税務経理協会

郵便番号 161−0033　振替 00190−2−187408　電話(03)3953−3301(編集部)
FAX(03)3565−3391　(03)3953−3325(営業部)
URL　http://www.zeikei.co.jp/
乱丁・落丁の場合はお取替えいたします。

ISBN978−4−419−05218−8　C3063